Dackel

Dackel

Dr. Bruce Fogle

Fotos: Tracy Morgan

Übersetzung: Dr. Siegfried Schmitz

BLV

Die Deutsche Bibliothek – CIP-Einheitsaufnahme
Dackel / Bruce Fogle.
Fotos: Tracy Morgan. Übers.: Siegfried Schmitz. –
München ; Wien ; Zürich : BLV, 1997
(Alles über Ihren Hund)
Einheitssacht.: Dachshund <dt.>
ISBN 3-405-15242-9

Ein Dorling Kindersley Buch

BLV Verlagsgesellschaft mbH
München Wien Zürich
80797 München

Titel der englischen Originalausgabe:
DOG BREED HANDBOOKS: DACHSHUND
© 1997 bei Dorling Kindersley Limited, London
Text © 1997 Bruce Fogle

Deutschsprachige Ausgabe:
© 1998 BLV Verlagsgesellschaft mbH, München

Übersetzung aus dem Englischen:
Dr. Siegfried Schmitz
Lektorat: Dr. Friedrich Kögel
Herstellung: Sylvia Hoffmann
Satz und DTP: Studio Pachlhofer/Tirol
Einbandgestaltung: Studio Schübel, München

Printed in Italy · ISBN 3-405-15242-9

Inhalt

EIN HUND FÜR SIE

WELPENPFLEGE

Einführung

Man kann sich kaum vorstellen, daß der reizende Dackel ein entfernter Verwandter des Wolfs ist.

Wir stellen uns gerne vor, daß wir Menschen den Hund domestiziert haben, doch das ist nur die halbe Wahrheit. Der Hund ist zwar von allen Tierarten der älteste Gefährte des Menschen, aber wir haben ihn nicht aktiv zum Haustier gemacht. Vor rund 12.000 Jahren sind unsere fernen Vorfahren in Asien seßhaft geworden. Asiatische Wölfe, die von Natur aus gesellig sind, wurden von den Siedlungen angelockt und streiften in deren Umgebung umher, um nach Freßbarem zu suchen. Da das natürliche Nahrungsangebot knapp war, überlebten nur die kleinsten und die am wenigsten scheuen Wölfe in dieser neuen Umwelt. Die Menschen erkannten, daß die verwaisten »Wolfshund«-Welpen, die in den Siedlungen aufwuchsen, als Wachhunde und später als Jagdgehilfen zu gebrauchen waren.

Entwicklung der Rassen

Vor etwa 6000 Jahren hatte die vom Menschen betriebene Auswahlzucht bereits Hunde hervorgebracht, die nahezu alle Merkmale der heutigen Rassen aufwiesen, einschließlich des Zwergwuchses. Die ältesten Belege für die

Die ersten Zeugnisse für die Verzwergung in der Hundezucht stammen aus dem alten Ägypten

Verzwergung, also die Verkürzung der Gliedmaßenknochen, sind rund 3000 Jahre alt und stammen aus Ägypten. Es ist allerdings unwahrscheinlich, daß diese kurzläufigen Hunde mit dem heutigen Dackel verwandt sind. In Europa lassen sich kurzläufige Tiere bis ins 16. Jahrhundert zurückverfolgen. Damals wurden sie erstmals als Begleiter der unberittenen Jäger gezüchtet. So entstanden die Vorläufer der Rasse, die umgangssprachlich als Dackel und eher fachsprachlich als Dachshund oder Teckel bezeichnet wird.

Europäische Jäger verwendeten kurzläufige Hunde für die Hatz auf Füchse, Dachse und Kaninchen, wenn das Gelände die Jagd zu Pferde nicht zuließ

Der kleine Dackel mit seinem liebenswerten Wesen ist von jeher bei Kindern sehr beliebt

Der Erdhund

Schon im 18. Jahrhundert hatten Jäger durch gezielte Zucht die Gliedmaßenknochen von Laufhunden verkürzt und so den Dachshund hervorgebracht, der Dachsen und anderem Wild unter der Erde nachstellen konnte. Mit diesen verzwergten Laufhunden, die kurze Läufe, aber einen normal großen Körper besaßen, konnten die Jäger leichter Schritt halten, und sie konnten sie auf unterirdisch lebende Beute ansetzen. Deutsche Förster und Jäger schufen später durch Reduzierung der Körpermaße den Zwergdackel, der so klein ist, daß er in Kaninchenbaue einfahren kann.

Ein idealer Gefährte

Wenn der Dackel innerhalb der Familie aufwächst, gibt er einen anhänglichen Gefährten, aber auch einen tüchtigen Wachhund ab, der sofort Alarm schlägt, wenn er einen Eindringling sieht oder hört.
Die Gebrauchshunde unter den Dackeln haben besonders stämmige Läufe und eine gut vom Boden abgeho-

Obwohl Dackel für die Jagd auf Aggressivität gezüchtet werden, geben sie treue und sanftmütige Gefährten ab

bene Brust, während Ausstellungstiere manchmal auf kürzeren Läufen stehen und leichter gebaut sind.
Dackel eignen sich gut für die Haltung in der Stadt, wo sich ihr täglicher Auslauf meist auf die nächste Parkanlage beschränkt.
Mit ihren kurzen Beinen können sie sich auf relativ kleinem Raum ausreichend körperlich betätigen.

Was den Charakter angeht, wird der Dackel am häufigsten mit Jagdhunden und Terriern verglichen

Eine gute Wahl

Nur wenige Hunderassen vereinen in einem adretten, langgestreckten Gebäude soviel Vitalität und unverwechselbaren Charakter wie der Dackel. Seine Beliebtheit beruht nicht zuletzt darauf, daß er in drei Felltypen, mehreren Größen und vielerlei Farben auftritt. Zwergdackel eignen sich ideal für Stadtbewohner.

EIN TEIL DER FAMILIE

Bedenken Sie, daß Ihr niedlicher Dackelwelpe zu einem stattlichen adulten Hund heranwächst, vor allem wenn es sich um den Normalschlag handelt, und viele Jahre lang betreut werden muß. Wie ein Kind ist er auf Sie angewiesen, was seine Ernährung, seine Erziehung und sein Wohlbefinden angeht. Überlegen Sie, wieviel Zeit Sie ihm widmen können, wieviel Platz er in der Wohnung braucht, und denken Sie an die Tierarztkosten und den regelmäßigen Fellwechsel, bei dem viele lange oder drahtige Haare anfallen. Auch das Futter schlägt zu Buche, denn Dackel sind anspruchsvolle Kostgänger.

EIN »TRAGBARER« FREUND

Der Zwergdackel ist bestens geeignet für kleinere Stadtwohnungen oder für Leute, die ihren Hund gern dorthin tragen möchten, wo er spielen und sich austoben kann. Der Zwergdackel ist auch ein idealer Gefährte für alle, die körperlich nicht in der Lage sind, ausgiebig mit ihm herumzutollen oder lange Spaziergänge zu unternehmen.

EIN EIGENSINNIGER KOPF

Dackel sind durchwegs selbstbewußt und eigenwillig; deshalb sind positive frühe Erfahrungen und eine gute Erziehung unerläßlich, wenn aus ihnen liebenswürdige und folgsame Gefährten werden sollen. Man muß sich die Zeit nehmen, den Hund immer wieder mit neuen Situationen zu konfrontieren und so zu trainieren, daß er sich in allen Lebenslagen zuverlässig verhält.

Der Hund muß gutes Benehmen lernen

EINE TEMPERAMENTVOLLE RASSE

Der Dackel, heute ein beliebter Wohnungshund, wurde ursprünglich als aktiver Jagdhund gezüchtet, der klein genug war für die Arbeit im Dickicht und unter der Erde. Auch heute noch ist er in Deutschland der leistungsfähigste Erdhund, der jagdlich verwendet wird. Trotz seiner Kleinheit ist der Dackel kein Schoßhund, und er braucht wie die meisten Rassen sehr viel körperliche Betätigung im Freien. Er tummelt sich gern in rauhem Gelände und im Wasser und kommt dann mit verschmutztem und verfilztem Fell heim. Das gilt insbesondere für den langhaarigen Schlag.

WELCHER FELLTYP?

Die Unterschiede zwischen Kurz-, Rauh- und Langhaardackel fallen sofort ins Auge. Das Fell der kurzhaarigen Tiere benötigt weniger Pflege als das der meisten anderen Hunderassen. Vergewissern Sie sich, wieviel Pflege die verschiedenen Felltypen verlangen, bevor Sie Ihre Wahl treffen.

Ein treuer Beschützer

Die meisten Hunde werden zwar als vierbeinige Gefährten gehalten, aber selbst die kleinsten bieten dank ihrer Wachsamkeit und Sinnesschärfe einen gewissen Schutz. Mit seinem angeborenen Temperament gibt sogar der Zwergdackel einen brauchbaren Wachhund ab, der sein Heim verteidigt und sofort anschlägt, wenn Besuch kommt. Alle Dackel sind äußerst aufmerksam und lautstarke Beschützer. Sie müssen jedoch lernen, sich dabei sozial verträglich zu benehmen. Es ist wichtig, daß sie frühzeitig mit anderen Tieren und fremden Menschen vertraut gemacht werden.

Der Kurzhaardackel

Der bekannteste und wahrscheinlich älteste Dackeltyp ist der kurzhaarige Schlag; der Lang- und Rauhhaardackel sind später aus kurzhaarigen Stämmen herausgezüchtet worden. Das Fell des Kurzhaardackels fühlt sich weich wie Samt an, und das lebhafte, neugierige Wesen macht diesen Schlag zu einem reizenden Familienhund und einem tüchtigen Gebrauchshund.

Ein intelligenter und anhänglicher Begleiter

Die aufmerksame, neugierige Miene dieses schwarz-lohfarbenen Dackelrüden (Normalschlag) verrät das Temperament und die Klugheit der ganzen Rasse. Die Hunde geben rührend anhängliche Hausgenossen ab, die ihren Besitzern oft eigensinnig ergeben sind. Kurz-, lang- und rauhhaarige Dackel sehen zwar unterschiedlich aus, aber im Wesen und Verhalten unterscheiden sich die verschiedenen Felltypen und -farben kaum.

HAUT
Geschmeidig, aber überall gut anliegend, praktisch ohne Runzeln, Unebenheiten und Falten

FELL
Dicht, kurz, glänzend und glatt; gleichmäßig verteilt ohne Kahlstellen

RUTE
Verlängert die Rückgratlinie in leichter Krümmung; an der Unterseite derber behaart

Langgestreckt, schlank und muskulös

Der Kurzhaardackel mit seiner straffen Haut und seinem glatten Fell zeigt besonders schön den kräftigen, gut bemuskelten Körperbau der Rasse. Obwohl die Läufe im Verhältnis zur Rumpflänge kurz sind, bewegt sich der Hund überraschend elegant und mühelos. Mit seiner kraftvollen Vorderhand und seinem niedrigen Gebäude eignet sich der Dackel ideal als Jagdgebrauchshund für die Arbeit unter der Erde.

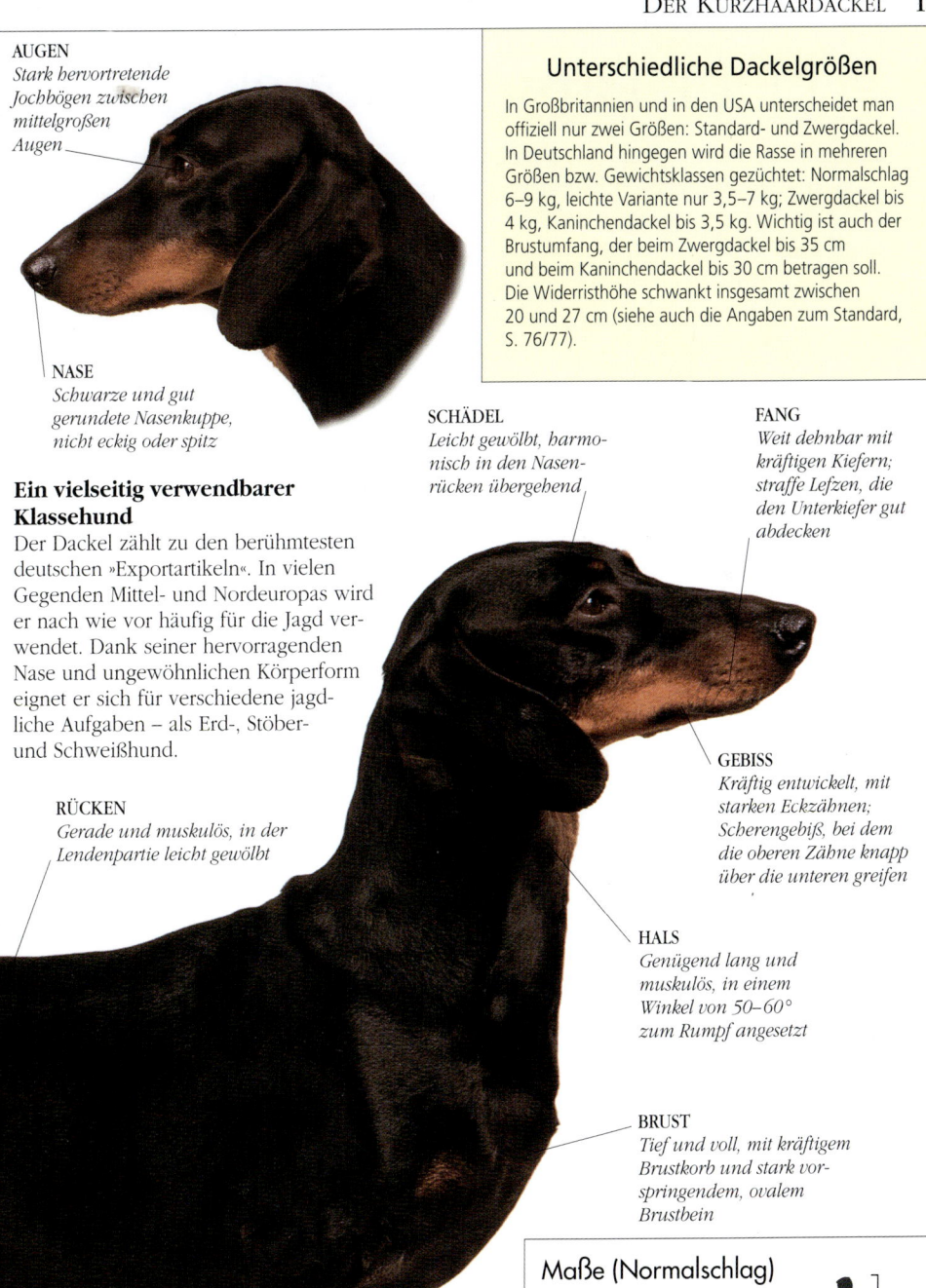

AUGEN
*Stark hervortretende
Jochbögen zwischen
mittelgroßen
Augen*

NASE
*Schwarze und gut
gerundete Nasenkuppe,
nicht eckig oder spitz*

Unterschiedliche Dackelgrößen

In Großbritannien und in den USA unterscheidet man offiziell nur zwei Größen: Standard- und Zwergdackel. In Deutschland hingegen wird die Rasse in mehreren Größen bzw. Gewichtsklassen gezüchtet: Normalschlag 6–9 kg, leichte Variante nur 3,5–7 kg; Zwergdackel bis 4 kg, Kaninchendackel bis 3,5 kg. Wichtig ist auch der Brustumfang, der beim Zwergdackel bis 35 cm und beim Kaninchendackel bis 30 cm betragen soll. Die Widerristhöhe schwankt insgesamt zwischen 20 und 27 cm (siehe auch die Angaben zum Standard, S. 76/77).

SCHÄDEL
Leicht gewölbt, harmonisch in den Nasenrücken übergehend

FANG
Weit dehnbar mit kräftigen Kiefern; straffe Lefzen, die den Unterkiefer gut abdecken

Ein vielseitig verwendbarer Klassehund

Der Dackel zählt zu den berühmtesten deutschen »Exportartikeln«. In vielen Gegenden Mittel- und Nordeuropas wird er nach wie vor häufig für die Jagd verwendet. Dank seiner hervorragenden Nase und ungewöhnlichen Körperform eignet er sich für verschiedene jagdliche Aufgaben – als Erd-, Stöber- und Schweißhund.

GEBISS
Kräftig entwickelt, mit starken Eckzähnen; Scherengebiß, bei dem die oberen Zähne knapp über die unteren greifen

RÜCKEN
Gerade und muskulös, in der Lendenpartie leicht gewölbt

HALS
Genügend lang und muskulös, in einem Winkel von 50–60° zum Rumpf angesetzt

BRUST
Tief und voll, mit kräftigem Brustkorb und stark vorspringendem, ovalem Brustbein

LÄUFE
Verkürzte Beinknochen mit großen Gelenken

Maße (Normalschlag)

Brustumfang:
über 35 cm
Gewicht:
Rüde 7–9 kg
Hündin 6–7,5 kg

1,80 m

Der Langhaardackel

Ein langes, seidiges Haarkleid, ein sanfter Gesichtsausdruck und ein würdevolles Auftreten sind die auffälligsten Merkmale des Langhaardackels. Die Ursprünge dieses attraktiven Schlags sind nicht genau bekannt, doch er scheint fast ebenso lange zu existieren wie der Kurzhaardackel. Wie alle Dackel besitzt er ein liebenswert anhängliches und freundliches Wesen.

KOPF
Schmaler Schädel, trocken und gut proportioniert

Stolze Haltung
Der Langhaardackel mit seiner stolzen Haltung und würdevollen Erscheinung wird oft als aristokratisches Geschöpf bezeichnet. Doch er ist ebenfalls schwerknochig, kraftvoll und kompakt und bezeugt damit seinen ursprünglichen Verwendungszweck als Jagdhund.

OHREN
Lange Behänge, bedeckt mit üppigem Seidenhaar und unmittelbar über Augenhöhe angesetzt

HINTERHAND
Derb und breit, nicht zu stark gewinkelt; seidige, nicht flauschige Befederung

Abstammung
Die Vorfahrenreihe des Langhaardackels ist nach wie vor ungeklärt. Einer gängigen Theorie zufolge entstand dieser Schlag vor rund 200 Jahren durch eine Kreuzung von Kurzhaardackeln und kleinen Spaniels und eine anschließende Verzwergung. Andere Experten verfolgen die Entwicklung des Langhaardackels bis in das Deutschland des 16. Jahrhunderts zurück, wo die Dachsbracke mit einem inzwischen ausgestorbenen deutschen Vorstehhund gekreuzt wurde. Wie dem auch sei, im Laufe der Generationen ist das üppige, wellige Haarkleid dieses Schlags immer feiner und leichter geworden.

RUTE
An der Wurzel breit und zur Spitze hin sich verjüngend; so reich befedert, daß sie eine Fahne bildet

Das langhaarige Fell
Das Fell sollte lang und seidig sein und dicht am Körper anliegen, ohne jede Neigung zum Abstehen oder zur Lockenbildung. Außerdem sollte es glänzend aussehen. Die Befederung darf nicht zu reich sein, weil dadurch die Gebrauchstüchtigkeit des Hundes verringert würde. Am kürzesten soll das Haarkleid auf dem Rücken sein, am längsten an

AUGEN
*Gewöhnlich
dunkelbraun,
wodurch der
sanfte Ge-
sichtsaus-
druck
gesteigert
wird*

Überlanger Rumpf

Die Körperlänge ist beim Langhaardackel
besonders wichtig. Da ein langes Haarkleid
den Körperumriß etwas verschleiert, ist ein
besonders langer Rumpf erforderlich, damit die
korrekte Symmetrie der Rasse erhalten bleibt.
Ein üppiges Fell kann anatomische Mängel
nicht kaschieren.

FANG
*Verjüngt sich zur
kleinen, feinen Nase
hin; die Länge des
Fangs übersteigt
geringfügig die des
Schädels*

OHREN
*Nicht zu weit
vorne angesetzt;
Außenseite der
Behänge gut
befedert*

RÜCKEN
*Lang, kräftig und gera-
de, mit leicht gewölbter
Lendenpartie; Schultern
lang und schräg*

HALS
*Lang und fein
geschwungen,
so daß der Kopf
elegant getragen
wird; Haar
unter dem Hals
verlängert*

VORDERHAND
*Breite Schulterblätter
und starke Brust;
kräftige Oberarme mit
festen, geschmeidigen
Muskeln*

der Unterseite und an der Rute. Das ideale Fell
wächst langsam; Jungtiere, die mit 10 bis 12 Mo-
naten schon voll behaart sind, entwickeln im
Erwachsenenalter nur selten ein makelloses Fell.
Der Haarverlust beim Fellwechsel ist beim
Langhaardackel variabel.

Maße (Zwergdackel)

Brustumfang (älter als 15 Monate):
30–35 cm
Gewicht:
bis 4 kg
Diese Angaben gelten nicht
für alle Länder

1,80 m

Der Rauhhaardackel

Der rauhhaarige Schlag mit seinem derben Deckhaar, der dichten Unterwolle und dem schnauzbärtigen Gesicht ist von allen Dackeln am terrierähnlichsten. Er ist aus Kurzhaardackeln hervorgegangen, in die rauhhaarige Zwergschnauzer und Dandie-Dinmont-Terrier eingekreuzt wurden, und gibt einen ausgezeichneten Gebrauchshund und einen munteren, extrovertierten Hausgenossen ab.

Wachsam und tatendurstig

Der lebhafte, intelligente Gesichtsausdruck des Rauhhaardackels, der auf stämmigen und gut bemuskelten Beinen steht und den Kopf selbstbewußt hochreckt, verrät ein munteres und geselliges Wesen und einen unerschöpflichen Arbeits- und Spieleifer. Der eigentümliche Bart verleiht dem Hund ein würdevolles, ernsthaftes Aussehen, das durch seine Abenteuerlust Lügen gestraft wird. Im Temperament unterscheiden sich die verschiedenen Rauhhaardackelgrößen kaum.

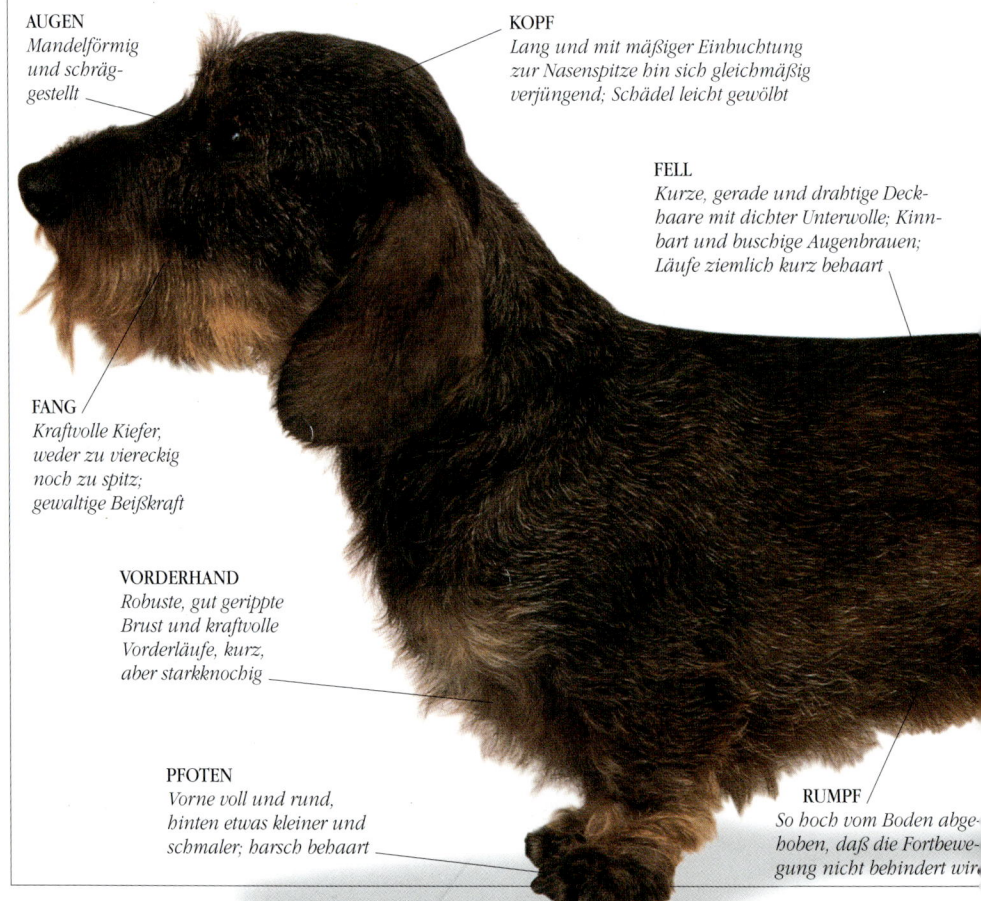

AUGEN
Mandelförmig und schräg-gestellt

KOPF
Lang und mit mäßiger Einbuchtung zur Nasenspitze hin sich gleichmäßig verjüngend; Schädel leicht gewölbt

FELL
Kurze, gerade und drahtige Deckhaare mit dichter Unterwolle; Kinnbart und buschige Augenbrauen; Läufe ziemlich kurz behaart

FANG
Kraftvolle Kiefer, weder zu viereckig noch zu spitz; gewaltige Beißkraft

VORDERHAND
Robuste, gut gerippte Brust und kraftvolle Vorderläufe, kurz, aber starkknochig

PFOTEN
Vorne voll und rund, hinten etwas kleiner und schmaler; harsch behaart

RUMPF
So hoch vom Boden abgehoben, daß die Fortbewegung nicht behindert wir

OHREN
Gut abgerundet, weder gefaltet noch spitz; ziemlich kurze, fast glatte Behaarung

SCHÄDEL
Stark vortretende Wülste über den Augen, so daß der Schädel breit wirkt

Die Entstehung eines Schlages

Dachshunde mit harschem Fell lassen sich zwar bis ins späte 18. Jahrhundert zurückverfolgen, aber der Rauhhaardackel wurde von den Schlägen der Rasse als letzter erzüchtet. Seinen Schneid und Mut sowie sein unverwechselbares Erscheinungsbild verdankt er dem eingekreuzten Terrier- und Pinscherblut. Durch Verpaarung mit Zwergschlägen entstand ein Hund, der kleines Wild in unterirdischen Bauen verfolgen konnte.

Gutmütig und temperamentvoll
Die freundliche, ausdrucksvolle Miene dieses weiblichen Rauhhaardackels ist bezeichnend für das anhängliche und liebenswerte Wesen dieses Schlags und spiegelt seinen aufgeweckten, wachsamen und liebevollen Charakter wider.

Starker Körper und starker Charakter
Mit seinem langgestreckten, niedrigen Gebäude, seiner guten Nase und seiner kraftvollen Vorderhand ist der Dackel ein idealer Spürhund unter der Erde. Als geborener Jagdhund beweist er zuweilen einen Mut, der an Unbesonnenheit grenzt.

RÜCKEN
Der lange, muskulöse Rumpf besitzt einen geraden Rücken mit schräg abfallenden Schultern

RUTE
Leicht gebogen, aber ohne Knick oder Windungen; wird nicht zu hoch getragen und berührt in Ruhe nicht den Boden

UNTERWOLLE
Feines Haar bildet eine Schutzschicht unter dem derberen Deckhaar

Maße (Kaninchendackel)
Brustumfang (älter als 15 Monate):
bis 30 cm
Gewicht:
Rüde bis 3,5 kg
Hündin bis 3 kg

1,80 m

Verhaltensprofil

Die »Persönlichkeit« eines jeden Hundes wird teils durch seine frühen Erfahrungen im Welpenalter und teils später durch den Halter geprägt. Ebenso wichtig ist die Vererbung, der jede Rasse, unabhängig von der Erziehung, ihr eigenes Verhaltensprofil verdankt. Der Dackel gibt wegen seiner Munterkeit und Anhänglichkeit einen beliebten Hausgenossen ab.

Erziehbarkeit/Gehorsam

Dackel sind klug und lassen sich schnell erziehen, wenn man früh damit beginnt. Obgleich sie zuweilen als eigensinnig gelten, sind sie leichter erziehbar als der Shih Tzu oder der West Highland White Terrier, aber schwieriger als Zwergpudel oder Cocker-Spaniel.

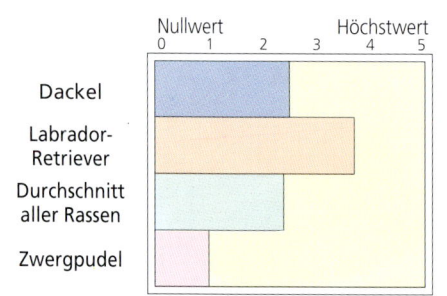

Spielen mit anderen Hunden

Da Dackel nie für die Meutejagd gezüchtet wurden, spielen sie etwas weniger gern mit Artgenossen als der Durchschnittshund – etwa so wie der Rottweiler und Yorkshire-Terrier. Eine frühe Sozialisation mit anderen Hunden kann jedoch den Spieltrieb fördern.

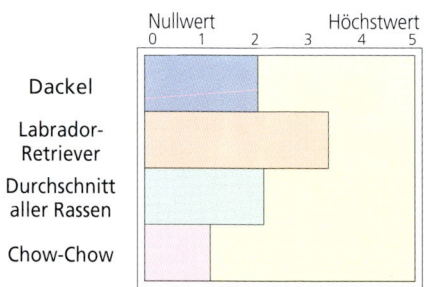

Bellen zum Schutz des Hauses

Nur wenige Rassen schlagen zur Verteidigung des Wohnbereichs so zuverlässig an wie der Dackel. Nur der Australian Cattle Dog, der Foxterrier, der Deutsche Schäferhund, der Zwergpudel und der Lhasa Apso sind genauso lautfreudig. Lästiges Bellen kann durch Früherziehung kontrolliert werden.

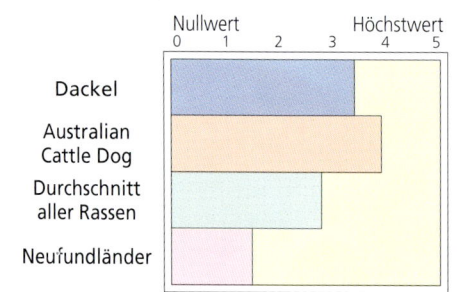

Reizbarkeit

Dackel sind nur ein wenig reizbarer als der Durchschnitt, ungefähr so wie Beagle, Shih Tzu und Australian Kelpie. Reizbarkeit ist weitgehend genetisch bedingt; wenn die Mutter reizbar ist, wird sie diesen Wesenszug sehr wahrscheinlich auch auf ihre Welpen übertragen.

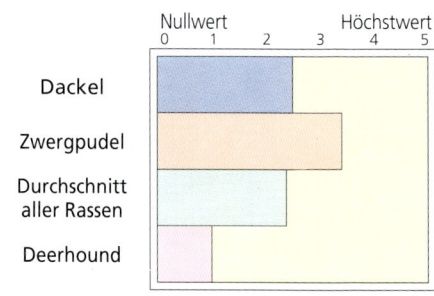

ERLÄUTERUNGEN ZU DEN VERHALTENSTABELLEN

In einer neueren Untersuchung haben erfahrene Tierärzte und Züchter auf einer Skala von 0 bis 5 spezifische Wesensmerkmale von mehr als 100 Hunderassen bewertet, wobei 0 den niedrigsten Wert aller Hunde und 5 den idealen Höchstwert bezeichnet. Hier werden acht verschiedene Verhaltensweisen des Dackels mit dem statistischen »Durchschnittshund« und mit der jeweils »besten« und »schlechtesten« Rasse verglichen. Man beachte, daß in dieser Erhebung weder das Geschlecht noch die verschiedenen Schläge berücksichtigt sind.

Kinderfreundlichkeit

Dackel, besonders kurzhaarige Zwergdackel, begegnen fremden Kindern mit einem gewissen Mißtrauen, vor allem in der eigenen Wohnung. Das haben sie mit Corgis, Zwergpinschern und Foxterriern gemeinsam. Dackel sollten nur unter Aufsicht mit ihnen unbekannten Kindern zusammenkommen.

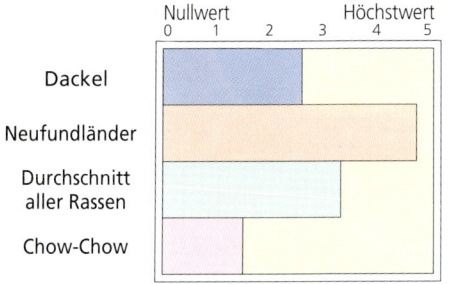

Gelassenheit in neuen Situationen

Von jeher hat man es vermieden, den Dackel selektiv auf Gelassenheit zu züchten. Ja, das Zuchtziel war und ist besondere Wachsamkeit in ungewohnten Situationen. Wie der Cocker-Spaniel ist der Dackel stets aufmerksam und tatenbereit.

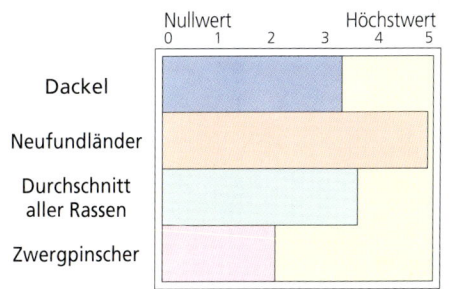

Zerstörungslust

Wird ein Dackel in der Wohnung allein gelassen, neigt er eher als andere, weniger reizbare Rassen dazu, die Einrichtung zu demolieren. In dieser Beziehung verhält er sich ähnlich wie der Boxer oder Zwergschnauzer. Durch geistige Anregungen kann die Neigung zur Destruktivität abgeschwächt werden.

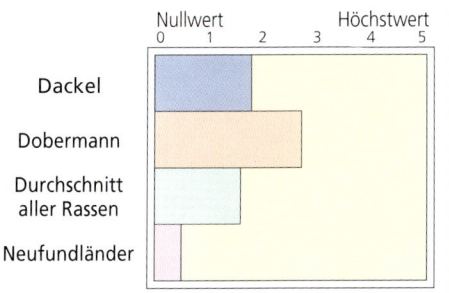

Stubenreinheit

Praktisch alle Hunde lassen sich gut zur Stubenreinheit erziehen. Der Dackel schneidet zwar etwas schlechter ab als der Durchschnitt, aber ungefähr so wie Basset Hound, Beagle und Lhasa Apso. Dieser Wesenszug wird durch frühe Erziehungsmaßnahmen stärker beeinflußt als durch die Zucht.

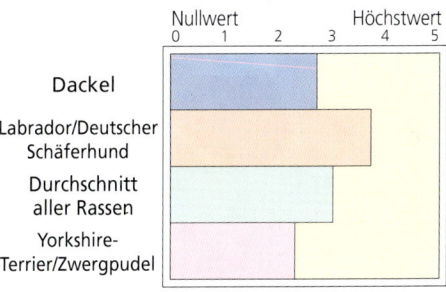

Fell und Farben

Dackel gibt es in vielerlei einheitlichen und gemischten Fellfarben –
von einfarbig schwarz, rot oder braun bis zweifarbig im klassischen
Schwarz mit gelbbraunen (lohfarbenen) Abzeichen sowie mischfarbig
oder gefleckt (gestromt, getigert oder gestichelt).

GESCHICHTE DER FELLFARBEN

Als die Fellfarben des Dachshundes 1701
erstmals registriert wurden, beschrieb man
sie als »gelb bis schwarz«. 1848 hieß es dann:
»gelb oder schwarz mit gelben Gliedmaßen«.
Durch die Einkreuzung von Bayerischen
Gebirgsschweißhunden und französischen
Pyrenäen-Vorstehhunden kamen später die
verschiedenen Rottöne hinzu. Alle Farben,
die man heute antrifft – darunter Rot,
Abschattierungen von Rot, Braun, Schwarz
und Gelbbraun, Stromung und Tigerung –,
sind genetische Varianten, die auf diesen
Stamm zurückgehen.

Hellbraun
Dieser Langhaardackel hat ein attrak-
tives und ungewöhnliches hellbrau-
nes Fell, das Resultat einer Kreuzung
von Rot und Braun.

*Hellrotes Pigment läßt
das Haarkleid des Hun-
des braun und an den
Flanken cremefarben
erscheinen*

Rottöne
Diese drei Dackel zeigen
die verschiedenen Ab-
tönungen der roten
Fellfarbe. Der linke
ist rein rot oder gol-
den, der mittlere hat
ein abschattiertes ro-
tes Fell mit einer ge-
ringen Beimischung
von Schwarz, und der
rechte ist rot gefleckt.

GESTICHELTES UND GESTROMTES FELL

Langhaar gestichelt

Diese langhaarige Hündin ist braun gestichelt. Die Stichelung ist eine gleichmäßige Mischung aus schwarzen und helleren Haaren, die sich über das ganze Fell verteilen. Sie kommt am häufigsten bei lang- und rauhhaarigen Tieren vor und nur selten bei Kurzhaardackeln.

Rauhhaar gestichelt

Das Fell dieses rauhhaarigen Rüden zeigt eine schillernde Mischung aus schwarzen und roten Haaren. Bei Rauhhaardackeln wächst das Gesichtshaar meist länger und ergibt dann den typischen »Kinnbart«, der dem Hund sein unverwechselbares Aussehen verleiht. Das rauhhaarige Fell sollte ungefähr alle drei Monate von überschüssigem Haar befreit werden.

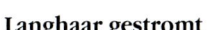

Langhaar gestromt

Die Stromung läßt sich bis zum Jahr 1797 zurückverfolgen und ist somit eine der ältesten Fellfarben beim Dachshund. Dackel können silber, braun oder rot gestromt sein. Diese Hündin hat eine silbergraue Grundfarbe mit einer gleichmäßigen Mischung aus weißen und schwarzen Haaren, so daß insgesamt ein buntscheckiger Eindruck entsteht.

Fellfarbengenealogie

Die Fellfarbe eines Welpen wird durch die Gene bestimmt, die er von seinen Eltern ererbt. Manche Farben sind dominant gegenüber anderen; wenn beispielsweise ein reinrassiger roter Rüde mit einer schwarz-lohfarbenen Hündin verpaart wird, fallen alle Nachkommen rot aus, obwohl sie das Gen für Schwarz-Loh tragen. Der künftige Nachwuchs dieser roten Welpen kann wiederum schwarz-loh gefärbt sein. Rot dominiert auch Braun, genauso wie Schwarz-Loh. Die gestromte Fellzeichnung ist dominant gegenüber Schwarz-Loh, Rot und Braun.

Aussehen und Wesen

Der Charakter eines Dackels kann durch die Körpergröße und Haarart beeinflußt werden. Tierärzte und Züchter berichten, daß zwischen den verschiedenen Schlägen einige auffällige Wesensunterschiede bestehen und daß Kurz-, Lang- und Rauhhaardackel meist bestimmte spezifische Verhaltensmerkmale aufweisen.

GRÖSSE UND TEMPERAMENT

Dachshunde wurden Mitte des 18. Jahrhunderts erstmals verkleinert, als sie von Jägern für die Verfolgung von kleinem Wild unter der Erde gezüchtet wurden. Durch die weitere Auswahlzucht entstand der Zwergdackel, der sich wegen seiner Kleinheit besonders für die Haltung in der Stadt eignet. Nach Ansicht von Tierärzten und Züchtern sind jedoch größere Dackel häufig weniger nervös als die Zwerge, und sie sprechen im allgemeinen auch besser auf die Erziehung an.

FELLTYP UND CHARAKTER

Obwohl kurz-, lang- und rauhhaarige Dackel allesamt gleiche genetische Wurzeln haben, können sie deutlich abweichende Wesensmerkmale aufweisen. Rauhhaardackel lassen sich vielfach am bereitwilligsten zum Gehorsam erziehen, während langhaarige Tiere sich offenbar am hochmütigsten und unabhängigsten gebärden. Kurzhaardackel haben angeblich den stärksten Territorialtrieb und bellen einen Eindringling am ehesten an.

Es heißt, daß der Charakter des Besitzers auf seinen Hund abfärbt und daß ein ausgeglichener und ruhiger Mensch einen Dackel mit den gleichen Wesenseigenschaften heranzieht.

Die meisten Tierärzte und Züchter stimmen darin überein, daß die Haltungsbedingungen ebenso wichtig sind wie die Natur. Ein Hund, der frühzeitig streng, aber gerecht erzogen wird, in einem gesunden Umfeld aufwächst und viel Auslauf hat, wird sich wahrscheinlich zu einem gut angepaßten, freundlichen und zufriedenen Gefährten entwickeln.

FELLBEZOGENE UNTERSCHIEDE

In einer Umfrage, die über 100 Hunderassen erfaßte, äußerten sich Tierärzte und Züchter über die Verhaltensmerkmale des Dackels, bezogen auf die verschiedenen Felltypen. Der niedrigste Wert in den Diagrammen ist 0, der höchste 5. Man beachte, daß sich die Ergebnisse auf die Rasse insgesamt beziehen, nicht auf einzelne Hunde. Erfahrenen Hundefachleuten zufolge kann man die adulten Wesenseigenschaften eines Junghundes am besten dadurch ermitteln, daß man das Verhalten der Elterntiere beobachtet.

Nervös in neuen Situationen

Im allgemeinen sind lang- und rauhhaarige Dackel wesentlich ruhiger als kurzhaarige, denn sie zeigen in ungewohnten Umgebungen und Situationen weniger Angst und benehmen sich weniger aggressiv. Diese Eigenschaft hängt indes weitgehend vom individuellen Erbgut ab.

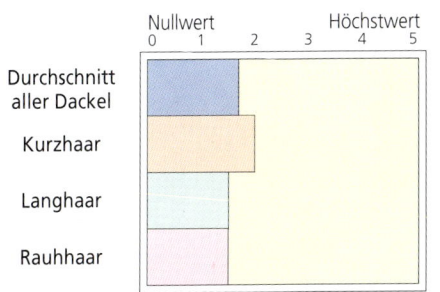

Zuverlässig bei fremden Kindern

Kurzhaardackel sind durchweg weniger zuverlässig als Lang- und Rauhhaardackel, wenn sie mit einem unbekannten fünfjährigen Kind auf ihrem eigenen Territorium konfrontiert werden. Sie akzeptieren auch fremde Erwachsene nicht so schnell wie die anderen Felltypen.

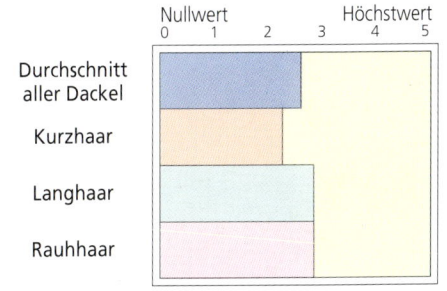

Bedarf an körperlicher Betätigung

Alle Dackel sind energisch, aufgeweckt und zum Spielen aufgelegt, doch lang- und rauhhaarige Hunde scheinen etwas mehr körperliche Betätigung zu brauchen als kurzhaarige. Was das Spielen mit anderen Hunden angeht, besteht kaum ein Unterschied zwischen den Typen.

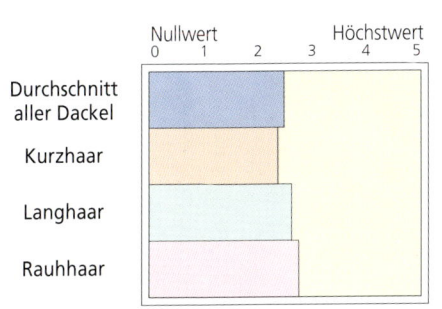

Ungehorsam gegenüber dem Besitzer

Der notorische Eigensinn des Dackels kann zuweilen in Ungehorsam gegenüber dem Besitzer umschlagen. Alle Typen sind zwar gleichermaßen erziehbar, aber kurzhaarige Tiere neigen etwas mehr zum Ungehorsam als lang- und rauhhaarige.

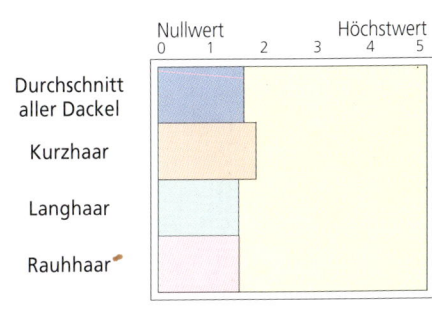

Geschlechts- und Typunterschiede

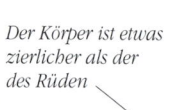

Bei Dackelrüden und -hündinnen zeigen sich häufig grundlegende Verhaltensunterschiede. Auch die Zucht bringt zwischen Dackeln, die für Ausstellungszwecke bestimmt sind, und solchen, die als Gebrauchshunde aufgezogen werden, bestimmte körperliche Abweichungen hervor. Der größte Unterschied zwischen Familien- und Ausstellungshunden wird durch die frühe Erziehung begründet.

KÖRPERBAU UND WESEN: DIE GESCHLECHTER IM VERGLEICH

Dackelrüden sind nur geringfügig größer als Hündinnen, und beiden ist das lebhafte, aufgeweckte Wesen gemeinsam. Es gibt kaum Unterschiede zwischen den Geschlechtern, was Erziehbarkeit, Nervosität, Spielfreude, Bellen um Aufmerksamkeit und Liebesbedürfnis betrifft.

Der Körper ist etwas zierlicher als der des Rüden

Das Gesicht drückt das Verlangen nach Zuneigung aus

Aufmerksame, freundliche Hündin

Dackelhündinnen sind durchwegs freundlich und umgänglich, bewahren jedoch ihr unabhängiges Naturell. Kurzhaarige Hündinnen können ein wenig nervöser und unfolgsamer sein, während langhaarige als etwas reizbarer gelten. Weibliche Dackel aller Schläge benötigen angeblich nicht ganz soviel körperliche Betätigung wie männliche.

Geschlechtsspezifische Krankheiten

Verschiedene Erkrankungen werden durch Geschlechtshormone verursacht oder beeinflußt. Hündinnen aller Rassen, wenn sie nicht früh kastriert werden, können an Gesäugekrebs und Gebärmutterentzündung erkranken. Unkastrierte Rüden leiden zuweilen an Analtumoren, Hodenkrebs oder Prostatabeschwerden, was mit Schmerzen und Blutharnen verbunden ist. Die Kastration zählt zu den empfehlenswerten Maßnahmen bei allen geschlechtsbezogenen Krankheiten. Beim Dackel muß man jedoch nach der Kastration die Ernährung sorgfältig überwachen, um eine Gewichtszunahme zu verhindern.

Selbstbewußter, aktiver Rüde

Rüden geben sich oft selbstsicherer als Hündinnen und sind eher bereit, ihren Wohnbereich durch Bellen zu verteidigen. Sie sind auf ihrem eigenen Territorium auch mißtrauischer gegenüber Fremden. Doch im Unterschied zu einigen anderen Rassen neigen Dackelrüden nicht mehr als Hündinnen dazu, fremde Artgenossen zu dominieren oder sich zu widersetzen, wenn sie angefaßt oder diszipliniert werden.

AUSSTELLUNGS- ODER GEBRAUCHSHUNDTYP?

Ausstellungshunde
Viele Dackel werden gezielt auf Übereinstimmung mit den Ausstellungsstandards gezüchtet, die eine tiefe Brust und kurze Läufe verlangen. Die wegen ihrer Schönheit ausgewählten Ausstellungshunde werden von klein auf für den Auftritt im Ring trainiert. Korrekte Körperhaltung, ein anmutiger, fließender Gang und gelassene Hinnahme der Inspektion durch den Preisrichter sind Voraussetzungen für einen Erfolg auf der Hundeschau.

Der preisgekrönte Dackel trägt Kopf und Hals elegant und würdevoll

Die Hinterhand wird so ausgerichtet, daß die Läufe die vorschriftsmäßige »Schauposition« einnehmen

Die kurzen Läufe und die volle Brust entsprechen dem offiziellen Rassestandard

Das wetterfeste Rauhhaar schützt den Gebrauchshund im Unterholz und im Wasser

Der Zwergschlag eignet sich ideal für die Arbeit unter der Erde

AUSWIRKUNGEN DER KASTRATION

Die relativ langen, muskulösen Läufe heben die Brust gut vom Boden ab und gestatten eine mühelose Fortbewegung

Der Jagdgebrauchshund
Der Dackel hat seinen Jagdinstinkt nicht verloren, obgleich er heute kaum noch Gelegenheit hat, sich jagdlich zu betätigen. Doch vor allem in Deutschland werden Dackel noch immer in großer Zahl für diesen Verwendungszweck gezüchtet. Bei Gebrauchshunden achtet man besonders auf geringe Körpergröße und die Fähigkeit, in engen Tierbauen zu arbeiten. Dies erfordert eine höhere, schmalere Brust und längere und kräftigere Vorderläufe als beim typischen Dackel. Gebrauchshunde sind oft schlanker gebaut als Ausstellungshunde, weil durch ihre Aktivitäten der Körpertonus erhöht wird.

Die Kastration bei Hunden dient nicht nur der Geburtenkontrolle, sondern kann auch Verhaltensstörungen günstig beeinflussen; letzteres ist jedoch bei Dackeln seltener als bei manchen anderen Rassen. Beim Rüden dämpft der Eingriff die Aggressivität gegen andere Hunde, nicht aber gegen Menschen. Auf den weiblichen Charakter hat die Kastration wenig Einfluß, allenfalls auf sehr dominante Hündinnen, deren Eigensinn womöglich noch gesteigert wird.

Der richtige Anfang

Bevor Sie sich zum Erwerb eines Dackels entschließen, sollten Sie sich gründlich überlegen, wie sich Ihr Leben durch den Hund verändern wird. Lassen Sie sich ausgiebig beraten, damit Sie eine verantwortungsvolle Wahl treffen können. Tierärzte oder Hundesportvereine sind gute Informationsquellen. Der Hundekauf sollte möglichst mit einer tierärztlichen Untersuchung gekoppelt sein.

WO MAN KAUFEN UND WORAUF MAN ACHTEN SOLL

Tierheim

Tierheime haben häufig ausgewachsene Dackel abzugeben, die ein neues Zuhause suchen. Aus solchen Hunden können sehr anhängliche Hausgenossen werden, doch bedenken Sie, daß sie aufgrund ihrer früheren Erfahrungen mit unvorhersehbaren Verhaltensproblemen belastet sein können.

Fachmännischer Rat

Tierärzte und deren Mitarbeiter können Sie kostenlos und unvoreingenommen darüber informieren, worauf Sie beim Kauf eines gesunden Dackels achten müssen. Sie wissen oft sehr gut, welche Gesundheits- und Verhaltensstörungen bei dieser Rasse auftreten können.

WELPE ODER AUSGEWACHSENER HUND?

Ein gesunder Welpe fühlt sich fest an und ist erstaunlich schwer

Kein Mensch wird bestreiten, daß Dackelwelpen einfach unwiderstehlich sind, aber sie sind auch sehr lebhaft, und ihre Erziehung zur Stubenreinheit und zum Gehorsam verlangt viel Zeit und Zuwendung. Wenn Sie bereit sind, diese Mühe auf sich zu nehmen, sollten Sie sich vor der endgültigen Entscheidung mehrere Würfe anschauen. Prüfen Sie den Charakter der Mutter und möglichst auch des Vaters, um sich ein ungefähres Bild von der Wesensentwicklung Ihres Hundes zu machen. Wenn Sie einen wohlerzogenen adulten Hund erwerben möchten, sollten Sie sich vorher über seinen Charakter erkundigen, um sicherzugehen, daß er gut zu Ihnen paßt.

EINGEWÖHNUNG

Eine stabile Drahtbox erleichtert die allmähliche Erkundung der neuen Umgebung

Einzug ins neue Heim

Der Welpe ist wahrscheinlich etwas verstört, wenn er in seinem neuen Zuhause eintrifft. Versuchen Sie ihm die Umstellung zu erleichtern, indem Sie ihn in einem bestimmten Raum unterbringen und ihm eine eigene »Höhle« zur Verfügung stellen – eine Drahtbox, in der er sich geborgen fühlt. Damit sie einladender wirkt, sollten Sie Futter, Wasser und ein Kauspielzeug in die Box geben und das Türchen offen lassen. Statten Sie eine Hälfte des Bodens mit einer weichen Unterlage und die andere als »Toilette« mit Zeitungspapier aus.

Erste Bekanntschaft

Die erste Nacht, die Ihr Welpe fern von seiner Mutter in der neuen Umgebung verbringen muß, ist für ihn besonders schwer, doch er sollte sich schließlich beruhigen und einschlafen. Wenn Sie wollen, können Sie die Welpenbox in Ihr Schlafzimmer bringen, damit Sie den Kleinen im Auge behalten können. Nachdem er sich ausgeruht hat, machen Sie ihn mit den anderen Vierbeinern bekannt, die eventuell in Ihrem Haus leben. Schließen Sie die Tür der Box, damit die Vorstellung reibungslos verläuft.

GESUNDHEITSTEST FÜR IHREN NEUEN HUND

Wenn Sie einen Welpen erwerben, ist es ratsam, ihn von einem Tierarzt untersuchen zu lassen, um sicherzustellen, daß der Hund gesund ist und keine Anzeichen von Infektionen, Fehlernährung und Parasiten vorliegen. Sie sollten den Kauf von einem solchen Gesundheitsattest abhängig machen. Der Züchter sollte außerdem nachweisen, daß die Hundeeltern nicht mit Erbkrankheiten behaftet sind. Ist der Welpe beim Kauftermin nicht gesund, haben Sie Anspruch auf Erstattung oder Ersatz.

Meiden Sie »Welpenfabriken«

Kaufen Sie Ihren Hund möglichst direkt bei einem Züchter. Meiden Sie Massenzuchtbetriebe, weil dort die Hundemütter tierunwürdig untergebracht sind und man sich kaum um die Gesundheit der Welpen kümmert. Hinter Zeitungsanzeigen verbergen sich oft solche »Welpenfabriken«; seien Sie mißtrauisch, wenn Sie in einem Privathaus nicht die Mutter des Wurfs zu sehen bekommen. Seien Sie auch bei Tierhandlungen vorsichtig; manche sind eine Brutstätte für vielerlei Infektionskrankheiten und könnten Ihnen ein krankes Tier verkaufen, das sie aus einer »Welpenfabrik« besorgt haben.

Früherziehung

Dackel sind sehr lernfähig und folgen bereitwillig, wenn sie mit Lob, Streicheleinheiten, Leckerbissen und anregenden Spielsachen belohnt werden.
Beginnen Sie behutsam mit der Gehorsamkeits- und Stubenreinheits-
erziehung, sobald der Welpe ins Haus kommt, und bringen Sie ihn
regelmäßig mit anderen Hunden zusammen, um eine normale
soziale Entwicklung zu fördern.

LERNEN MIT BELOHNUNGEN

*Der Welpe weiß,
daß er brav gewe-
sen ist, wenn er
»Guter Hund«
hört*

Streicheleinheiten

Körperkontakt ist eine sehr wirksame Belohnung
für Ihren Welpen. Ein Dackel möchte oft gestrei-
chelt werden, doch geben Sie seinem Wunsch
nicht immer nach. Erteilen Sie vielmehr einen
sanften Befehl, und belohnen Sie dann seinen
Gehorsam mit einer Streicheleinheit.

*Die Berührung des
Kopfes kann als
Bedrohung
empfunden
werden;
streicheln
Sie lieber
den Körper*

Verbales Lob

Dackel sind eifrige Schüler. Selbst ein 8 Wochen
alter Welpe versteht, wenn Sie mit seinem Benehmen richtig zufrieden sind. Futterbelohnungen
und Streicheleinheiten sollten stets von Lobesworten begleitet werden.

Erwerb sozialer Fertigkeiten

Das Lernvermögen eines Welpen ist in den ersten Monaten am größten, und nur durch häufigen Kontakt mit
Artgenossen lernt er, wie er sich später fremden Hunden
gegenüber verhalten muß. Wenn Sie keinen zweiten
Hund haben, sollten Sie mit Ihrem Kleinen in eine Welpenschule gehen, wo er mit ungefähr gleichaltrigen
Hunden unter Aufsicht zusammenkommen und spielen
kann. Weichen Sie auf Spaziergängen mit Ihrem Welpen
aggressiv wirkenden Hunden aus; eine Konfrontation
könnte zu einem traumatischen Erlebnis werden.

Futterbelohnungen

Die meisten Dackel sprechen auf Leckerbissen
gut an, doch manche zeigen kaum Interesse.
Probieren Sie verschiedene Futtersorten aus, um
herauszufinden, welche er am liebsten mag, und
verwenden Sie diese als Belohnung, zusammen
mit ausgiebigem Lob.

*Ein Leckerbissen ver-
stärkt das Wohlverhalten*

SPIELZEUG FÜR IHREN WELPEN

Packen Sie das Spielzeug weg, um zu demonstrieren, daß es Ihnen gehört

Der Hund lernt, daß Frauchen das Spiel bestimmt

Spiel- und Knabberzeug

Als ursprüngliche Jagdhunde beschäftigen sich Dackel gern mit Spielsachen, vor allem mit Quietschspielzeug. Wählen Sie nicht mehr als vier Spielsachen aus, die gern gejagt, apportiert, gefangen und beknabbert werden. Nach dem Spiel sollte der Welpe zusehen, wie Sie die Sachen wegpacken. Das dämpft die Besitzgier, die bei Dackeln stärker ausgeprägt ist als bei manchen anderen Rassen.

Das Spielen mit dem Seil macht Spaß und trainiert die Kaumuskeln

Spielzeug als Belohnung und Trost

Herumliegende Spielsachen werden schnell langweilig, während solche, die Sie bei besonderen Anlässen hervorholen, zu einer aufregenden Belohnung werden. Gezielt eingesetztes Spielzeug kann als effiziente Erziehungshilfe dienen. Wenn Sie Ihren Hund allein lassen müssen, geben Sie ihm zum Trost stets ein Spielzeug.

ERZIEHUNG ZUR STUBENREINHEIT

Loben Sie den Welpen, wenn er sich auf dem Zeitungspapier erleichtert

Der Gang nach draußen

Fangen Sie so bald wie möglich damit an, den Welpen nach draußen zu bringen. Ein drei Monate alter Hund muß seine Blase ungefähr alle drei Stunden entleeren. Nehmen Sie ein beschmutztes Stückchen Papier mit; der Welpe riecht seinen Eigengeruch und wird dadurch ermuntert, sein Geschäft draußen zu erledigen. Wenn er dabei ist, sagen Sie »Mach schnell!«, denn so lernt er, sich auf dieses Kommando hin zu erleichtern.

Die Zeitungspapiermethode

Ihr Welpe möchte sich gewöhnlich nach dem Aufwachen, Fressen, Trinken oder Herumtoben erleichtern. Er zeigt das vielleicht dadurch an, daß er den Boden beschnüffelt. Bringen Sie ihn dann rasch in eine mit Zeitungspapier ausgelegte Ecke, und loben Sie ihn, wenn er Urin oder Kot abgesetzt hat. Es ist sinnlos, ihn zu bestrafen, wenn er sich einmal vergessen hat. Erwischen Sie ihn in flagranti, sollten Sie jedoch mit Nachdruck »Nein!« sagen, damit er lernt, das Papier zu benutzen.

Erkundung der Außenwelt

Der Welpe sollte die Welt außerhalb des Hauses möglichst früh kennenlernen. Sorgen Sie für die notwendigen Impfungen und für eine Identifikationsmöglichkeit. Lassen Sie Ihren Welpen mit Freunden und deren wohlerzogenen Hunden zusammenkommen, damit er sich unter kontrollierten Bedingungen mit neuen Situationen vertraut machen kann.

ADRESSANHÄNGER

Adreßanhänger oder -hülsen enthalten die Anschrift und Telefonnummer des Hundebesitzers und evtl. wichtige Informationen über den Hund, die ihm unter Umständen das Leben retten können. Wenn möglich, vermerken Sie auch den Notruf Ihres Tierarztes.

Dauerhafte Lösung

Eine Registriernummer, die schmerzlos in ein Innenohr eintätowiert wird, ermöglicht dauerhaft eine genaue Identifizierung des Hundes. Diese Methode wird immer beliebter. Neuerdings verwendet man auch Mikrochips. Sie werden am Hals unter die Haut eingepflanzt und können mit einem Handscanner gelesen werden.

GEWÖHNUNG AN HALSBAND UND LEINE

1 Damit können Sie schon gleich nach dem Erwerb des Welpen beginnen. Lassen Sie den Hund das Halsband zunächst einmal betrachten und beriechen. Dann knien Sie unter Vermeidung des Blickkontakts nieder und streifen das Halsband mit ablenkenden Worten über. Belohnen Sie den Welpen mit Leckerbissen, Streicheln und Lobesworten. Spielen Sie eine Weile mit ihm, und nehmen Sie dann das Halsband wieder ab. Er lernt schnell, das Halsband mit Belohnung in Verbindung zu bringen, und wird es bald ohne Widerwillen akzeptieren.

Legen Sie behutsam ein leichtes und bequemes Halsband an

2 Sobald sich der Welpe mit dem Halsband abgefunden hat, knien Sie vor ihm hin und befestigen die Leine. Lassen Sie die Leine schlaff hängen, und locken Sie den Hund mit einem Spielzeug oder Futterhappen. Sobald er sich auf die Belohnung zubewegt, ziehen Sie die Leine ein wenig straff. Loben Sie ihn, und geben Sie ihm die Belohnung.

Frauchen lenkt den Welpen mit einem Spielzeug ab

ZUSAMMENTREFFEN MIT ANDEREN HUNDEN

Arrangieren Sie mit einem Freund, der einen braven, ruhigen Hund besitzt, im Freien ein Zusammentreffen mit Ihrem Welpen. Der Freund sollte seinem Hund befehlen, sich hinzusetzen, wenn Sie sich mit Ihrem Welpen nähern. Belohnen Sie den Dackel mit einem Leckerbissen und Lobesworten, wenn er ruhig bleibt. Falls Sie keinen Hundebesitzer kennen, finden Sie bestimmt Leute, die ihren Hund ausführen und bei dieser Übung gern mitmachen. Durch die Herbeiführung von Begegnungen, in denen Sie die Kontrolle behalten, lernt Ihr Dackel, daß er vor fremden Hunden keine Angst zu haben braucht. Regelmäßige Interaktionen mit ungefähr gleichaltrigen Welpen fördern ebenfalls die Entwicklung der erwünschten sozialen Fertigkeiten.

Lenken Sie den Welpen mit einem Spielzeug ab, wenn er ängstlich oder übererregt wird

Der Welpe zeigt Interesse für den fremden Hund, aber keine Angst

BEGEGNUNG MIT FREMDEN

Bitten Sie einen Freund, draußen mit Ihnen und Ihrem Hund zusammenzutreffen. Der Helfer sollte niederknien, wenn er den Welpen begrüßt, um ein etwaiges Anspringen zu unterbinden. Er sollte auch den Blickkontakt mit dem Hund meiden, denn das könnte beim Welpen ein übertriebenes Unterwerfungsverhalten auslösen.

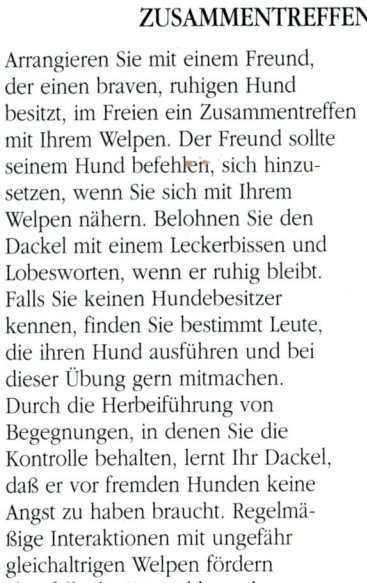

Der Welpe fühlt sich nicht so bedroht, wenn er kniend begrüßt wird

LEBENSWICHTIGE GRUNDIMMUNISIERUNG

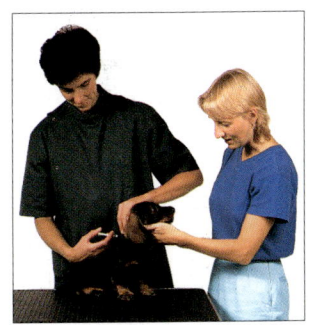

Der Tierarzt impft den neuangeschafften Welpen gegen verschiedene ansteckende Krankheiten, und zusätzlich empfiehlt er vielleicht, daß sich der Kleine ein paar Wochen lang von fremden Hunden fernhält. Der Kontakt mit gesunden Hunden kann jedoch aufrechterhalten bleiben, damit die richtige Sozialisation weitergeht.

Erste Übungen

Die frühen Erfahrungen eines Welpen prägen sein adultes Wesen.
Deswegen sollten Sie schon früh die Spielregeln festlegen. Bringen
Sie Ihrem Dackel bei, allein zu bleiben, auf Befehl zu Ihnen zu
kommen und, was das Wichtigste ist, zu begreifen, daß Sie und
Ihre Familie das Sagen haben und schlechtes Benehmen nicht dulden.

DAS ALLEINSEIN LERNEN

Auch wenn Sie sich noch so gern mit Ihrem
Welpen beschäftigen, so müssen Sie ihn doch hin
und wieder allein lassen. Bringen Sie ihm bei,
daß dies etwas ganz Normales ist, indem Sie ihn
in seine Box setzen und ihm ein interessantes
Spielzeug geben, mit dem er sich ausgiebig beschäftigen kann. Gehen Sie dann leise weg, und
signalisieren Sie ihm das Kommando »Warte!«.
Gewöhnen Sie Ihren Hund nach und nach daran,
längere Zeit allein zu bleiben.

*Der alleingelassene
Welpe beschäftigt sich
zufrieden mit seinem
Spielzeug*

BEHAUPTEN SIE IHRE AUTORITÄT

Manche Dackel neigen zur
Aufmüpfigkeit; sie wollen
sich nicht anfassen oder bür-
sten lassen und schnappen
sogar nach Mitgliedern
der Familie. Bringen Sie
Ihrem Hund die Bedeu-
tung eines strengen
»Nein!« bei. Wenn nötig,
kann eine schmerzlose
körperliche Bestrafung,
etwa die Nachahmung des
Nackengriffs der Hundemutter, angebracht sein, allerdings
sehr selten und nur als
theatralische Geste.

*Der Welpe weiß, daß
er sich danebenbe-
nommen hat, und
wälzt sich unterwür-
fig auf die Seite*

DIE ERZIEHUNG MEHRERER WELPEN

Welpen verlangen sehr viel Aufmerksamkeit und Zuwendung. Wenn Sie mehrere Welpen gleichzeitig aufziehen
wollen, sollten Sie sie individuell ausbilden. Diese Methode
erfordert zwar Organisationstalent, erbringt aber die besten
Resultate in kürzester Zeit. Selbst für sehr erfahrene Hundehalter ist es schwierig, bei mehreren Welpen gleichzeitig
die Konzentration aufrechtzuerhalten.

KOMMEN AUF BEFEHL

1 Zu seiner eigenen Sicherheit muß der Welpe lernen, auf Befehl stets zu Ihnen zurückzukommen. Gestalten Sie die Übung positiv, indem Sie Folgsamkeit belohnen. Legen Sie dem Welpen Halsband und Leine an. Knien Sie neben ihm hin, klemmen Sie die Leine unter den Knien ein, und zeigen Sie ihm die Belohnung.

Mit dem Spielzeug wird der uninteressierte Welpe animiert

2 Rufen Sie mit klarer, freundlicher Stimme den Welpen beim Namen, um seine Aufmerksamkeit zu erregen, und wedeln Sie mit dem Spielzeug in der ausgestreckten Hand. Ziehen Sie nicht an der Leine; sie soll den Welpen nur am Weglaufen hindern, aber nicht heranholen. Setzt er sich in Bewegung, geben Sie das Kommando »Komm!«.

Frauchen gibt den Befehl »Komm!«

Sorgen Sie dafür, daß der Welpe nicht an der Leine zerrt

3 Empfangen Sie den Welpen mit offenen Armen. Schon aus Neugier wird er auf Sie zukommen. Sobald er sich vorwärts bewegt, sagen Sie begeistert »Braver Hund!«. Rufen Sie nie den Namen des Hundes, um ihn zu tadeln – er soll begreifen, daß »Komm!« stets ein positives Kommando ist, das mit Lob oder einer Belohnung gekoppelt ist. Üben Sie mit Ihrem Dackel unmittelbar vor dessen Mahlzeiten, weil er dann am aufmerksamsten und muntersten sein dürfte.

Der Welpe lernt, auf Befehl zu Frauchen zu kommen

Wenn er bei Ihnen ist, belohnen Sie ihn mit seinem Lieblingsspielzeug

»Komm« – »Sitz« – »Platz« – »Bleib!«

Der Grundgehorsam ist wichtig für die Sicherheit Ihres Hundes und für ein harmonisches Verhältnis zu Ihren Mitmenschen. Der etwas eigensinnige Dackel muß geduldig erzogen werden, und zwar so früh wie möglich. Verwenden Sie Leckerbissen oder ein Quietschspielzeug, um dem Welpen beizubringen, zu kommen, sich hinzusetzen oder hinzulegen, und gestalten Sie die Lektionen stets kurz, positiv und fröhlich.

Halten Sie den Blickkontakt mit dem Welpen aufrecht

»KOMM!« UND »SITZ!«

1 Üben Sie möglichst in einem ruhigen, engen Raum, etwa in der Diele, wo es keine Ablenkungen gibt. Halten Sie den Welpen an der lockeren Leine, rufen Sie fröhlich seinen Namen, und zeigen Sie ihm, daß Sie einen Leckerbissen in der Hand halten. Sobald er sich zu bewegen beginnt, befehlen Sie »Komm!«. Reagiert er nicht, sollten Sie sich bücken, damit er den Leckerbissen deutlich sehen kann. Während der Welpe auf Sie zukommt, loben Sie ihn mit den Worten »Braver Hund!«.

Die lockere Leine kann sanft angezogen werden, um den Befehl zu verstärken

Der über dem Kopf des Welpen gehaltene Leckerbissen erzwingt die Sitzposition

Der Welpe wartet gespannt auf die Belohnung

2 Sobald der Welpe bei Ihnen ist, bewegen Sie den Leckerbissen über seinem Kopf hin und her. Um das Futter im Auge zu behalten, wird er sich notgedrungen hinsetzen. Dabei geben Sie den Befehl »Sitz!« und verabreichen die Belohnung sofort. Bleiben Sie ruhig, um eine Übererregung zu verhindern. Wiederholen Sie die Übung regelmäßig vor den Mahlzeiten, wenn der Welpe am hungrigsten und für Leckerbissen am empfänglichsten ist. Mit der Zeit wird er allein auf Worte reagieren.

Der störrische Welpe

Obwohl die meisten Dackel auf Futterbelohnungen sehr gut ansprechen, sollten Sie die Lektion unmittelbar vor den Freßzeiten erteilen, wenn Ihr Hund am hungrigsten ist. Üben Sie zunächst in einem ruhigen Innenraum, bevor Sie nach draußen gehen, wo ein lebhafter und neugieriger Hund stärker abgelenkt wird. Trainieren Sie jeweils nur kurze Zeit, wenn Sie und Ihr Welpe geistig rege sind, und setzen Sie alle Befehle mit sanfter Gewalt durch. Verwenden Sie bei einem eigensinnigen Welpen eine Leine, damit er zuverlässig gehorcht. Die Übungen sollen anregend sein und Spaß machen, so daß er sich schon auf die nächste Lektion freut.

HINLEGEN

Zeigen Sie ihm die Belohnung, aber halten Sie sie fest, bis er sie bekommt

Halten Sie den Welpen zusätzlich am Halsband fest

LIEGENBLEIBEN

Wenn sich der Welpe hingelegt hat, befehlen Sie »Bleib!«. Während Sie die Leine locker fassen und den Blickkontakt aufrechterhalten, stellen Sie sich vor den Welpen hin und wiederholen den Befehl »Bleib!«. Verwenden Sie keine Belohnung, sondern eine Geste mit der ausgestreckten Hand, die zu einem erlernten optischen Signal wird. Die sofortige Befolgung des Kommandos »Bleib!« erweist sich als sehr wichtig in potentiell gefährlichen Situationen.

1 Knien Sie neben dem sitzenden Hund hin, und sichern Sie die Leine mit einem Knie. Ergreifen Sie das Halsband mit einer Hand, und halten Sie ihm einen Leckerbissen vor die Nase. Wenn der Welpe aufstehen will, drücken Sie sein Hinterteil mit der freien Hand nach unten, und sagen Sie »Sitz!«. Springt er hoch, um den Happen zu schnappen, nehmen Sie ein weniger aufregendes Quietschspielzeug.

Loben Sie den Welpen bei der Futterübergabe nicht zu sehr

2 Bewegen Sie den Happen bogenförmig auf und ab, und ziehen Sie den Welpen zu sich heran, während er dem Futter mit der Nase folgt. Sobald er sich hinlegen will, geben Sie das Kommando »Platz!«. Weigert er sich, heben Sie behutsam die Vorderpfoten zu einer Bettelhaltung an; dann lassen Sie ihn hinunter und belohnen seinen Gehorsam stets mit Lob.

3 Während Sie noch immer das Halsband festhalten, bewegen Sie den Leckerbissen weiterhin auf und ab, bis sich der Welpe ganz flach ausstreckt. Dann wird er mit dem Leckerbissen und Lobesworten belohnt. Loben Sie ihn aber nicht übermäßig, denn dadurch könnten Sie ihn zum Aufspringen ermutigen.

Der Welpe streckt sich, um den Leckerbissen in Empfang zu nehmen

Gehen bei Fuß

Ein Dackel, der brav bei Fuß geht, ist ein erfreulicher Anblick. Sorgen Sie dafür, daß das Spazierengehen mit Ihrem Hund zum Vergnügen und nicht zur Qual wird, indem Sie schon früh mit der Einübung des Bei-Fuß-Gehens beginnen. Üben Sie zuerst drinnen und dann draußen, und verschieben Sie die Lektion auf später, wenn der Welpe das Interesse verliert.

GEHEN BEI FUSS OHNE LEINE

1 Knien Sie rechts neben Ihrem aufmerksamen sitzenden Welpen. Halten Sie das Halsband mit der linken Hand, rufen Sie seinen Namen, und zeigen Sie ihm einen Leckerbissen mit der anderen Hand.

2 Indem Sie den Welpen mit dem Geruch des Futters anlocken, gehen Sie geradeaus und geben dabei den Befehl »Bei Fuß!«. Greifen Sie das Halsband mit der linken Hand, sobald der Kleine sich selbständig machen will. Wenn Sie stehenbleiben, geben Sie das Kommando »Steh!«.

Der Welpe folgt eifrig dem Leckerbissen

3 Während Sie den Leckerbissen tief halten, um das Hochspringen zu unterbinden, beugen Sie etwas das Knie und wenden sich nach rechts; dabei beschreibt auch das Futter eine Kehre. Wiederholen Sie das Kommando »Bei Fuß!«. Der Welpe wird sich beeilen, Sie zu umrunden.

Der Welpe soll dicht neben Ihrem Bein bleiben

4 Linkswendungen sind etwas schwieriger. Halten Sie das Halsband mit der Linken, und befehlen Sie »Langsam!«. Halten Sie Ihrem Hund den Leckerbissen dicht vor die Schnauze, und wenden Sie sich dann nach links. Der Welpe wird Ihnen folgen.

BEI-FUSS-GEHEN AN DER LEINE

1 Während der angeleinte Welpe links von Ihnen sitzt, halten Sie die Leine und einen Leckerbissen in der rechten Hand, und fassen Sie die Leine mit der Linken kurz. Geben Sie den Befehl »Sitz!«.

Der Welpe setzt sich brav hin

Halten Sie den Blickkontakt aufrecht, solange der Welpe auf den nächsten Befehl wartet

2 Bewegen Sie sich auf dem linken Fuß vorwärts, wobei Sie »Bei Fuß!« befehlen. Wenn der Welpe zu weit vorausläuft, geben Sie der Leine einen raschen, leichten Ruck, um ihn zurückzuziehen.

3 Geht der Welpe neben Ihnen bei Fuß, geben Sie ihm die Belohnung und loben Sie ihn »Braver Hund!«. Wiederholen Sie die Sequenz »Sitz!« – »Bei Fuß!« – »Steh!«. Vergrößern Sie bei jeder Lektion allmählich die zurückgelegte Strecke.

5 Sobald die Rechtswendung sitzt, beginnen Sie mit der Einübung der Linksdrehung. Halten Sie dem Welpen den Leckerbissen vor die Nase, während Sie Ihre eigene Linksdrehung beschleunigen. Halten Sie den Hund dicht neben Ihrem linken Bein, und geben Sie das Kommando »Langsam!«, wenn er Ihre Drehung mitmacht.

4 Nachdem der Welpe das Geradeausgehen bei Fuß gelernt hat, bringen Sie ihm die Rechtswendung bei, indem Sie ihn mit dem Leckerbissen locken. Zerren Sie nicht an der Leine, und werden Sie nicht wütend.

Der Welpe wird langsamer, während er sich auf die Futterbelohnung konzentriert

Ausbildung im Haus

Dackel lieben zwar das Leben im Freien, aber Ihr Hund wird wahrscheinlich sehr viel Zeit mit Ihnen im Haus zubringen. Sorgen Sie dafür, daß er die elementaren »Hausregeln« befolgt, und weisen Sie ihm ein privates Plätzchen an, wohin er sich zurückziehen kann. Widmen Sie ihm ausreichend Zeit und Aufmerksamkeit, doch stets zu Ihren Bedingungen.

GEDULDIGES WARTEN MUSS GELERNT WERDEN

Hunde waren ursprünglich Rudeltiere, die einem dominanten Rudelführer folgten. Für Ihren Dackel müssen Sie der Rudelführer sein – der Chef, der entscheidet, was wann geschieht. Manche Zwergdackelrüden neigen dazu, ständig um Aufmerksamkeit zu betteln, wenn sie glauben, daß sie sie bekommen. Hier müssen Sie den Zeitplan bestimmen. Sorgen Sie dafür, daß der Dackel ein privates Plätzchen bekommt, in dem sein Bett oder Körbchen steht. Dorthin muß er sich zurückziehen, wenn Sie anderweitig beschäftigt sind.

Das Bett ist so groß, daß sich der Dackel darin ausstrecken kann

GEMEINSAM VERBRACHTE ZEIT

Die Festigung der Bindung zwischen Ihnen und Ihrem Hund ist nicht nur eine Freude für beide, sondern verstärkt auch die Grundgehorsamserziehung. Sie ist auch wichtig für das Wohlbefinden und die Entwicklung des Hundes. Nehmen Sie sich jeden Tag etwas Zeit für das Spiel mit Ihrem Dackel; es soll eine Mischung aus körperlicher Betätigung und geistiger Anregung sein. Variieren Sie den Zeitpunkt und die Form des Spiels, denn sonst erwartet der Hund zu einer bestimmten Zeit ein bestimmtes Spiel.

Gemeinsame Spiele machen Spaß und erhalten den Hund munter und fröhlich

WENN GÄSTE KOMMEN

Manche Dackel, insbesondere Zwergdackel, können sich sehr territorial verhalten. Damit Ihr Hund nicht lästig wird, sollten Sie ihm beibringen, sich hinzusetzen, wenn Besuch kommt. Dadurch wird der territoriale Beschützerinstinkt – am häufigsten bei Rüden – abgeschwächt und der Drang mancher Dackel, vor Übererregung verrückt zu spielen, reduziert. Bitten Sie Ihre Gäste, den Vierbeiner zunächst zu ignorieren; das wird ihn veranlassen, ruhig zu bleiben. Belohnen Sie das Wohlverhalten Ihres Hundes mit Lob, Streicheleinheiten oder Leckerbissen.

Der Hund akzeptiert gelassen die Anwesenheit eines Gastes

AUSLASSEN VON VERBOTENEN GEGENSTÄNDEN

Wie viele andere Rassen horten auch Dackel gern Haushaltsgegenstände wie Handtücher, Socken und Pantoffeln, die sie häufig in ihr Bett schleppen. Unterbinden Sie solche Besitzgier dadurch, daß Sie Ihrem Hund mit Hilfe von Futterbelohnungen beibringen, jeden Gegenstand auf Befehl bereitwillig auszulassen und herzugeben.

Drücken Sie verbal und durch Körpersprache Ihre Mißbilligung aus

RICHTIG ODER FALSCH?

Ein Hund weiß nicht, ob er etwas falsch gemacht hat, solange es ihm nicht klargemacht wird. Auf einem bequemen Sessel zu liegen kommt Ihrem Dackel beispielsweise ganz selbstverständlich vor. Wenn Ihr Hund etwas tut, was nicht erlaubt ist, sollten Sie ihn mit selbstbewußter Körperhaltung und strenger Stimme zurechtweisen. Übertreiben Sie ruhig ein bißchen, dann begreift er schnell, was Sie von ihm wollen. Wesentlich ist ein gutes Timing: Wenn Sie Ihren Hund erst einige Zeit nach seinem Fehlverhalten tadeln, versteht er nur, daß Sie böse sind, aber nicht, was er falsch gemacht hat.

Außerhalb des Hauses

Zu seinem eigenen Schutz und zur Sicherheit anderer Leute müssen Sie Ihren Dackel im Garten und draußen im Freien stets unter Kontrolle behalten. Sorgen Sie dafür, daß Ihr Hund gut untergebracht wird, wenn Sie ohne ihn Urlaub machen. Bieten Sie ihm immer eine gesunde und ungefährliche Umgebung.

WENN SIE VERREISEN

Falls Sie Ihren Dackel in einer Hundepension unterbringen müssen, wenn Sie verreist sind, sollten Sie sich die Unterkunft vorher anschauen und auf Sauberkeit und Sicherheit überprüfen. Eine gute Alternative ist ein Hundesitter; hier kann Ihnen Ihr Tierarzt vielleicht eine zuverlässige Agentur empfehlen.

RÜCKSICHT AUF ANDERE

Beachten Sie stets die örtlichen Vorschriften für Hundehalter. Machen Sie immer hinter Ihrem Hund sauber, und nehmen Sie zu diesem Zweck ein paar Plastiktüten oder eine spezielle »Hundekotschaufel« mit.

KONTROLLE IM FREIEN

Kopfgeschirr
Mit einem Kopfgeschirr hat man den Hund besser im Griff als mit einem Halsband, vor allem einen eigensinnigen Dackel. Wenn er an der Leine zieht, wird sein Kopf nach unten gedrückt und seine Bewegung abgebremst.

Halsband mit Kette
Legen Sie das Halsband so an, daß das weiche Gewebe den Hals umschließt und die Kette im Nacken aufliegt. Bei einem Ruck an der Leine zieht sich das Halsband zusammen, ohne Schmerzen zu verursachen.

Maulkorb
Benutzen Sie einen Maulkorb, wenn es die örtlichen Vorschriften verlangen oder der Hund am Beißen gehindert werden soll. Passen Sie einen Korb in der richtigen Größe an, damit das Tier frei atmen und bellen kann.

Brustgeschirr
Ein Brustgeschirr eignet sich für die meisten Dackel. Achten Sie darauf, daß es gut sitzt. Drängt der Hund vorwärts, wird ein hemmender Druck auf den ganzen Körper ausgeübt, nicht nur auf den Hals wie beim einfachen Halsband.

SICHERHEIT IM AUTO

Gewöhnen Sie Ihren Dackel schon früh ans Autofahren. Zwergdackel können in einem Transportkäfig für Katzen befördert werden, der auf dem Rücksitz sicher angegurtet wird. Größere Tiere werden hinten mit einem speziell für Hunde entwickelten Brustgeschirr angeschnallt. Sie können Ihren Vierbeiner auch im Heck eines Kombiwagens hinter einem stabilen Schutzgitter oder in einer geräumigen Transportbox unterbringen.

Gefahren im Auto

Hitzschlag ist eine der häufigsten Ursachen eines vermeidbaren Hundetods. Ein Hund kann nur durch seine Ballen schwitzen; deswegen kann er überschüssige Körperwärme allein durch Hecheln abführen. Bei heißem Wetter steigt die Körpertemperatur rasch an, manchmal innerhalb von Minuten, und wenn der Hund keinen Ausweg findet, kann er sterben. Lassen Sie ihn bei heißem oder sonnigem Wetter nie im Auto zurück, selbst wenn Sie im Schatten geparkt oder die Fenster leicht geöffnet haben. Bei kaltem Wetter dürfen Sie ihn nicht in der prallen Sonne zurücklassen, wenn die Wagenheizung eingeschaltet ist. Das könnte genauso verhängnisvoll sein.

DIE PLANUNG EINES SICHEREN GARTENS

Das größte Risiko im Garten besteht darin, daß der Hund ausreißt. Prüfen Sie nach, ob der Zaun stabil, das Tor abgeschlossen und die Hecke dicht genug ist. Bringen Sie überall dort, wo es nötig ist, Maschendraht an. Schließen Sie alle Gartenchemikalien weg, und achten Sie bei der Gartenbeleuchtung darauf, daß keine Leitungen offen liegen und benagt werden

können. Zur Schonung des Rasens weisen Sie dem Hund einen bestimmten Platz als Toilette an. Alle Abfälle und Gartengeräte müssen außer Reichweite sein, und verzichten Sie auf Pflanzen, die für Ihren Hund giftig sein könnten. Passen Sie auf, daß er einem brennenden Gartengrill nicht zu nahe kommt, und decken Sie gegebenenfalls den Teich ab.

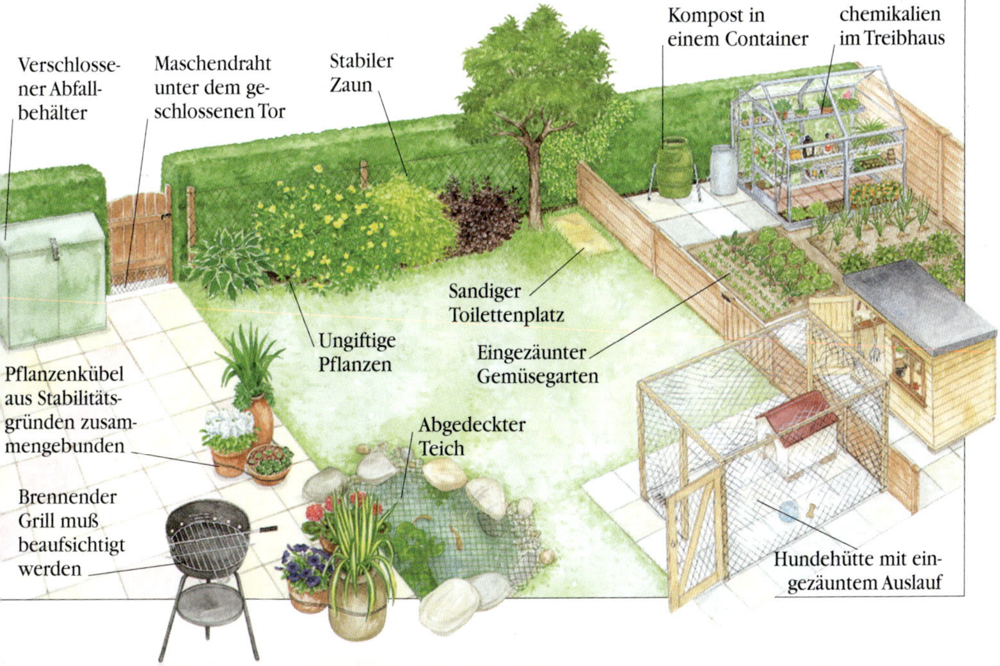

Garten-
chemikalien
im Treibhaus

Kompost in
einem Container

Verschlosse-
ner Abfall-
behälter

Maschendraht
unter dem ge-
schlossenen Tor

Stabiler
Zaun

Sandiger
Toilettenplatz

Ungiftige
Pflanzen

Eingezäunter
Gemüsegarten

Pflanzenkübel
aus Stabilitäts-
gründen zusam-
mengebunden

Abgedeckter
Teich

Brennender
Grill muß
beaufsichtigt
werden

Hundehütte mit ein-
gezäuntem Auslauf

Konstruktive Spiele

Dackel sind aufgeweckt und lebhaft, und sie brauchen geistige Anregung ebenso wie körperliche Beschäftigung. Erfinden Sie Aktivitäten, bei denen die speziellen Fähigkeiten Ihres Hundes genutzt werden. Such-, Apportier- und Versteckspiele machen ihm besonders viel Spaß. Das Spielen sollte auch dazu dienen, die Grundgehorsamserziehung zu verstärken.

APPORTIEREN AUF BEFEHL

Bringen Sie Ihrem Dackel bei, Gegenstände aufzunehmen und im Maul zu tragen. Belohnen und ermuntern Sie ihn mit lobenden Worten. Gehen Sie dann zum Kommando »Hol's!« über. Sobald Ihr Hund das begriffen hat, können Sie ihm beibringen, alle möglichen Gegenstände zu apportieren. Meiden Sie kleine Dinge, die er verschlucken könnte, und machen Sie ihm genau klar, was er Ihnen bringen soll. Rauhhaardackel schneiden bei dieser Übung meist am besten ab; Kurz- und Langhaardackel brauchen gewöhnlich etwas mehr Zeit.

Der Hund wartet auf die Geste, die »Still!« bedeutet

»SPRICH!« UND »STILL!«

Manche Dackel neigen zu übertriebenem Bellen. Beugen Sie Problemen dadurch vor, daß Sie Ihrem Hund mit Futter- oder Spielzeugbelohnungen beibringen, auf Befehl zu »sprechen«. Sobald er das gelernt hat, bringen Sie ihn zum Schweigen, indem Sie den Zeigefinger auf die Lippen legen und »Still!« sagen. Dieses nützliche erlernte Verhalten trägt zum Hausfrieden bei und macht es möglich, das Wachhundbellen auf Wunsch ein- und auszuschalten.

VERFOLGEN EINER DUFTSPUR

Der Dackel sucht den Ball mit der Nase

Trainieren Sie den ungewöhnlichen Geruchssinn Ihres Dackels, indem Sie ihm ein Spielzeug, etwa einen Gummiball, mit einem auffälligen Duft zeigen. Verstecken Sie den Gegenstand, ohne daß der Hund es sieht, und befehlen Sie ihm dann »Such den Ball!« Erheben Sie die Stimme, wenn er sich dem Ball nähert, und senken Sie sie, wenn er vom Ziel abkommt. Draußen können Sie mit einem Säckchen Anissamen eine Spur legen, an deren Ende eine Belohnung wartet.

VERSTECKSPIEL

Das Versteckspiel ist für Ihren Dackel eine vergnügliche Herausforderung und schult seine Fähigkeiten. Zunächst verstecken Sie sich, während er zuschaut, so daß er sie auf Befehl leicht finden kann. Erschweren Sie ihm nach und nach die Suche, doch achten Sie darauf, daß er keine Treppen oder steilen Stufen ersteigen muß. Belohnen Sie jeden Erfolg mit verschwenderischem Lob.

EIN FAIRER TAUSCH

Dackel sind oft besitzgierig, was Spielzeug oder Futter angeht. Bringen Sie Ihrem Hund schon früh bei, jeden Gegenstand auszulassen, anfangs im Austausch gegen einen Leckerbissen, dann nur auf das Kommando »Aus!« hin. Indem Sie seinen Gehorsam zunächst mit einem Häppchen und später mit Lob und Streicheln belohnen, lehren Sie ihn, Ihre Überlegenheit anzuerkennen. Wiederholen Sie dieses einfache Spiel regelmäßig, um Ihre Autorität aufrechtzuerhalten.

Der Hund gibt bereitwillig das Spielzeug her, um eine Belohnung zu bekommen

SPASS MIT BEWEGLICHEN OBJEKTEN

Aus Dackeln können tüchtige Fußballspieler werden, die fast ebenso viel Eifer entwickeln wie Terrier. Hunde jagen gern hinter Bällen her, weil dadurch ihr angeborener Jagdinstinkt angeregt wird. Zeigen Sie Ihrem Dackel zunächst, wie er einen Ball mit der Nase vorantreiben soll; das ist eine gute Konzentrationsübung. Dann kann er lernen, den Ball auf Sie zu zurollen. Belohnen Sie ihn mit aufmunterndem Lob und Streicheleinheiten, aber nicht mit Leckerbissen, die ihn zu sehr ablenken.

Der Dackel stößt den Ball eifrig mit der Nase weiter

Der Hundehalter bleibt immer Sieger

Demokratische Spielregeln gelten nicht im Umgang mit Ihrem Dackel. Alle Spielsachen gehören Ihnen, und Sie gewinnen immer. Nach dem Spiel soll der Hund zuschauen, wie Sie das Spielzeug einsammeln und wegpacken. So begreift er, daß Sie der Herr sind. Meiden Sie provozierende Spiele wie etwa Tauziehen: Ihr Hund möchte dabei vielleicht unbedingt gewinnen, so daß er seine gute Erziehung teilweise vergißt. Das Spiel sollte jedoch immer Spaß machen und deshalb in positiver Stimmung ausklingen.

Alles unter Kontrolle

Wie in allen Rassen treten auch bei Dackeln hin und wieder Verhaltensprobleme auf.
Manche Dackel werden besonders durch ungewohnte Situationen irritiert; andere
gebärden sich herausfordernd oder dominant. Die meisten Schwierigkeiten lassen sich durch richtige Pflege und Erziehung oder durch
positive »Zwangsmaßnahmen« beheben.

GLÜCKLICH MIT SICH ALLEIN BESCHÄFTIGT

Kein Hund bleibt gern allein, auch nicht Ihr ener-
gischer, geselliger Dackel. Machen Sie kein Auf-
heben, wenn Sie gehen oder kommen, und lassen
Sie Ihren Hund herumtollen und fressen, bevor
Sie ausgehen, damit sein Ruhebedürfnis steigt.
Geben Sie ihm ein Lieblingsspielzeug oder ein
mit Weichkäse oder Erdnußbutter gefülltes
hohles Spielzeug.

FREUNDLICHER UMGANG MIT ARTGENOSSEN

Ein gut sozialisierter Hund begegnet Artgenossen
mit neugierigem Interesse und nicht mit Angst oder
Feindseligkeit. Reagiert Ihr Dackel ängstlich oder
aggressiv, sollten Sie mit einem Freund, der einen
braven Hund hat, ein Zusammentreffen arrangieren.
Halten Sie mit Ihrem Hund so viel Abstand, daß
er ruhig bleibt, und belohnen Sie ihn. Verringern
Sie nach und nach die Distanz.

*Der Dackel be-
greift, daß seine
Gelassenheit
belohnt wird*

*Die fremde Per-
son hockt sich
hin, damit sie
dem Dackel we-
niger bedrohlich
erscheint*

*Der Dackel
sieht das
Spielzeug,
das er als
Belohnung
bekommt*

BEGEGNUNG MIT FREMDEN MENSCHEN

Manche Dackel, insbesondere kurzhaarige, zeigen ein terri-
toriales Abwehrverhalten. Benimmt sich Ihr Hund aggressiv
gegenüber Fremden, dann spielen Sie mit einem Freund
soziale Situationen durch. Finden Sie heraus, auf welche
Entfernung der Hund gelassen bleibt, und belohnen
Sie sein Wohlverhalten. Erziehen Sie ihn dazu, andere Menschen auf kürzere Distanz zu akzeptieren.

DER VERSUCHUNG WIDERSTEHEN

Unterbinden Sie Bettelei dadurch, daß Sie Ihrem Dackel bei Tisch niemals etwas abgeben, auch wenn die Versuchung noch so groß ist. Wenn Sie ihm gelegentlich etwas zustecken, wird diese Unart stärker gefördert, als wenn Sie dem Hund regelmäßig Leckerbissen reichen. Sobald Ihr Dackel bettelt, geben Sie ihm den Befehl, sich hinzulegen, und blicken Sie weg. Manche Hundehalter bringen Ihre Lieblinge während der Mahlzeiten in einem anderen Zimmer unter. Belohnen Sie den folgsamen Hund stets mit lobenden Worten oder einem Spiel, nicht mit Futtergaben.

UNGEWOHNTE SITUATIONEN

Wenn Ihr Dackel bei einem ungewohnten Anblick oder Geräusch in Panik gerät, sollten Sie ihn mit diesem Reiz in einem so großen Abstand vertraut machen, daß er nicht als Bedrohung empfunden wird. Belohnen Sie eine gelassene Reaktion mit Leckerbissen und Lob. Verkürzen Sie nach und nach die Entfernung zu dem ungewohnten Objekt, bis der Hund seine Angst verliert. Er nimmt sich auch ein Beispiel an Ihnen und erkennt, daß kein Grund zur Beunruhigung besteht.

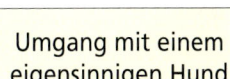

Der Hund bleibt ruhig, wenn der Skater vorbeiflitzt

BEKNABBERN ABGEWÖHNEN

Mit einem bitteren Spray, erhältlich im Zooge-schäft, können Sie das Beknabbern unterbinden

Die meisten Dackel graben und knabbern gern, vor allem wenn sie sich langweilen. Junge Hunde können dann einiges Unheil anrichten. Geben Sie Ihrem Vierbeiner ein Kauspielzeug, wenn Sie ihn allein lassen müssen. Damit er nicht auf Haushaltsgegenständen herumkaut, besprühen Sie ein verlockendes Objekt, etwa einen Schuh, mit einem bitter schmeckenden, aber harmlosen Spray. Diese Abschreckungsmethode erweist sich in der Regel als sehr effektiv.

Umgang mit einem eigensinnigen Hund

Dackel sind prächtige Kameraden, doch einige, zumal Zwergdackelrüden, neigen zum Eigensinn und Ungehorsam. Bleiben Sie fest, und setzen Sie eher psychologische als physische Strafmaßnahmen ein. Wenn Ihr Hund Ihre Befehle nicht befolgt, entziehen Sie ihm alle Belohnungen – auch Ihre Zuneigung! Leinen Sie ihn auch im Haus an, damit Sie ihn besser unter Kontrolle halten können. Falls Sie nicht viel Erfahrung mit Hunden haben oder sich Sorgen um das Verhalten Ihres Dackels machen, sollten Sie Ihren Tierarzt befragen oder den Hund zu einem Gehorsamkeitslehrgang im örtlichen Hundesportverein anmelden. Beachten Sie, daß sich die meisten Verhaltensprobleme lösen lassen, wenn die Ursache bekannt ist.

Futter für Ihren Hund

Dackel sind gute Futterverwerter, doch zuweilen etwas mäkelig. Nicht der Hund diktiert den Speiseplan, sondern Sie bestimmen, was er frißt. Sie haben die Wahl zwischen einem Riesenangebot von Fertigkost oder können ein ausgewogenes Futter selbst zubereiten. Halten Sie stets feste Fütterungszeiten ein.

DOSENFUTTER

Feuchtes, fleischiges Dosenfutter ist in vielen Geschmacksrichtungen und Zusammensetzungen auf dem Markt. Es hat einen hohen Proteingehalt und wird gewöhnlich mit Hundeflocken gemischt, die zusätzliche Kalorien und lebenswichtige Kohlenhydrate liefern. Dosenkost ist nahrhaft und schmeckt meist gut, hält sich aber im Napf höchstens ein paar Stunden frisch.

Standard-mischung

Spezialfutter für kranke Hunde

Happen mit Soße

Brocken in Gelee

TROCKENFUTTER

Knuspriges Trockenfutter wird dem Dosenfutter beigegeben, um die Konsistenz zu verbessern, Ballaststoffe und Fett zu ergänzen und die Kautätigkeit anzuregen.

TROCKENVOLLKOST

Trockenvollkost ist ausgewogen und eignet sich gut für die Vorratshaltung. Sie ist so konzentriert, daß sie etwa viermal so viel Kalorien enthält wie Dosenfutter; deshalb verfüttert man kleinere Portionen. Es gibt viele Sorten für alle Altersstufen und spezielle Bedürfnisse, auch für die Gewichtskontrolle und Krankheitszustände wie Darminfektion oder Nierenschäden.

Energiereich
Welpen brauchen zur Wachstumsförderung gehaltvolles, leicht verdauliches Futter.

Normal
Standardfutter für ausgewachsene Hunde verschiedener Aktivitätsstufen.

Kalorienarm
Ältere, übergewichtige oder ruhige Hunde brauchen eine weniger energiereiche Nahrung.

Gebißpflege
Diese großen, festen Brocken fördern gesundes Zahnfleisch und verhindern Zahnstein.

HALBFEUCHTES FUTTER

Diese Futtersorten sind in vielen Geschmacksrichtungen erhältlich und haben dreimal soviel Kalorien wie Dosenfutter. Wegen des hohen Kohlenhydratgehalts eigenen sie sich nicht für zuckerkranke Hunde. Wie Trockenfutter können sie den ganzen Tag über im Napf bleiben, so daß sich Ihr Dackel nach Belieben bedienen kann.

GEEIGNETE KAUARTIKEL

Dackel knabbern gern, und Büffelhautknochen sind ein ausgezeichneter Kauartikel, ebenso feste Hundekuchen. Meiden Sie allzu harte Knochen, denn sie könnten zu Zahnfrakturen führen.

Büffelhautknochen

LECKERBISSEN UND BISKUITS

Es macht Spaß, den Hund mit Leckereien zu füttern, doch bedenken Sie, daß viele kalorienreich sind und zu Übergewicht führen können. Reichen Sie Leckerbissen als Belohnung, nicht auf Verlangen, und begrenzen Sie die Tagesmenge. Je mehr Ihr Dackel zwischendurch bekommt, desto kleiner sollten die regulären Mahlzeiten sein.

Mit Schinkengeschmack

Saftige Ringe

Fleischige Happen

Mit Lebergeschmack

MENSCHENKOST

Ein für Menschen bestimmtes ausgewogenes Essen eignet sich im allgemeinen auch für Hunde. Füttern Sie Ihren Hund jedoch nie mit Speiseresten bei Tisch, sondern bereiten Sie für ihn eine besondere Portion vor. Weißes Fleisch mit Nudeln oder Reis ergibt eine ausgezeichnete Mahlzeit, aber meiden Sie scharfe Gewürze.

Hühnchenfleisch ist leicht verdaulich und kalorienärmer als rotes Fleisch

Vermischen Sie das Fleisch gut mit Reis oder Nudeln, damit alles aufgefressen wird

DIÄTKOST

Es gibt ein gut sortiertes Angebot an Diätfuttersorten, die die Behandlung von Krankheiten unterstützen können, von Herzleiden bis Übergewicht. Der Tierarzt weiß, was das Beste für Ihren Hund ist.

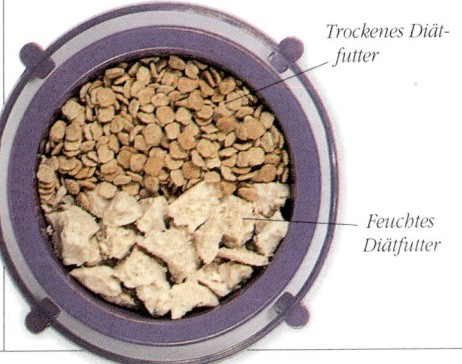

Trockenes Diätfutter

Feuchtes Diätfutter

Gesunde Ernährung

Nahrhaftes Futter und vernünftige Freßgewohnheiten sind wichtig für eine gute Gesundheit. Füttern Sie die richtigen Futtersorten in bedarfsgerechten Mengen, und stellen Sie stets frisches Trinkwasser bereit, um eine Austrocknung zu verhindern. Vermeiden Sie Bettelei oder Übergewicht durch die Einhaltung fester Fütterungszeiten.

NAHRUNGSBEDARF IN DEN VERSCHIEDENEN ALTERSSTUFEN

Der heranwachsende Welpe

Geben Sie dem Welpen viermal täglich gleich große Portionen Welpenfutter (trocken oder halbfeucht). Oder reichen Sie zweimal nahrhaftes Flockenfutter mit Milch und zweimal Dosenfutter mit Trockennahrung. Lassen Sie nach 12 Wochen eine leichte Mahlzeit weg und nach 6 Monaten die zweite.

Der ausgewachsene Hund

Der Nahrungsbedarf eines adulten Hundes schwankt beträchtlich, je nach Aktivitätsgrad, Gesundheitszustand, Stoffwechsel und Temperament. Ruhige Wohnungsdackel neigen eher zu Übergewicht. Füttern Sie Ihren Hund ein- oder zweimal täglich, und reduzieren Sie die Leckerbissengaben.

Futterbedarf

Diese Zahlen geben Ihnen nur einen Anhaltspunkt. Jeder Hund hat einen individuellen Nahrungsbedarf, und die einzelnen Futtersorten weisen einen unterschiedlichen Kaloriengehalt auf. Der Tierarzt kann Sie speziell beraten.

Täglicher Energiebedarf in verschiedenen Altersstufen für den Zwergdackel					
Alter	Gewicht	Kalorien	Trockenfutter	Halbfeucht	Dosen-/Mischfutter
2 Monate	1,7 kg	340	102 g	113 g	170 g/58 g
3 Monate	2,7 kg	390	117 g	130 g	195 g/66 g
6 Monate	3,8 kg	485	145 g	162 g	243 g/82 g
Adult, normal	4–6 kg	310–400	93–120 g	103–133 g	155–200 g/53–68 g
Adult, aktiv	4–6 kg	355–450	106–135 g	118–150 g	178–225 g/60–77 g
Adult, sehr aktiv	4–6 kg	500–635	150–190 g	167–211 g	250–318 g/85–108 g
Alt (über 10 Jahre)	4–6 kg	255–325	76–97 g	85–108 g	128–163 g/43–55 g

Der ältere Dackel

Ältere sowie kastrierte Hunde haben einen geringeren Energiebedarf und sollten kleine Portionen oder ein weniger kalorienreiches Futter bekommen. Der Proteingehalt wird reduziert, um Übergewicht vorzubeugen, das die Hinterläufe und Organe wie etwa die Nieren ungebührlich belastet.

Mäkeliger Fresser

Dackel sind manchmal mäkelig. Wenn Ihr Hund gesundes, nahrhaftes Futter verschmäht, lassen Sie den Napf eine Stunde stehen, und nehmen Sie ihn dann weg. Wiederholen Sie dies bei jeder Mahlzeit mit frischem Futter; kehrt der Appetit eines gesunden Hundes nicht nach einigen Tagen zurück, konsultieren Sie den Tierarzt.

Servieren Sie das Futter bei Zimmertemperatur

FRESSGEWOHNHEITEN

Achten Sie, um Ihre Autorität zu behaupten, auf feste Fütterungszeiten. Bringen Sie dem Hund bei, vor dem Futter sitzen zu bleiben und zu warten, bis Sie es freigeben. Reichen Sie ihm nie Essensreste bei Tisch, doch füttern Sie den Welpen gelegentlich aus der Hand, und streicheln Sie ihn, während er frißt. Das wirkt dem Futterneid entgegen.

Täglicher Energiebedarf in verschiedenen Altersstufen für den Normalschlag					
Alter	Gewicht	Kalorien	Trockenfutter	Halbfeucht	Dosen-/Mischfutter
2 Monate	4 kg	535	160 g	178 g	268 g/91 g
3 Monate	6,3 kg	770	230 g	256 g	385 g/131 g
6 Monate	9 kg	980	293 g	326 g	490 g/167 g
Adult, normal	10–12 kg	595–860	188–257 g	198–286 g	298–430 g/101–146 g
Adult, aktiv	10–12 kg	675–975	202–292 g	225–325 g	338–488 g/114–166 g
Adult, sehr aktiv	10–12 kg	950–1.370	284–410 g	316–456 g	475–685 g/161–233 g
Alt (über 10 Jahre)	10–12 kg	485–700	145–209 g	162–233g	243–350 g/82–119 g

Allgemeine Pflegemaßnahmen

Ein Dackel benötigt weniger allgemeine Körperpflege als viele andere Rassen. Wegen der straffen Haut und der fein behaarten Behänge ist die normale Fellpflege relativ einfach. Gleichwohl sollte man sich regelmäßig um das Tier kümmern, damit es gesund bleibt. Überprüfen Sie die Augen, die Ohren, das Gebiß, die Krallen und die Aftergegend, um Krankheiten vorzubeugen.

KLARE, GESUNDE AUGEN

Säubern Sie die Augenränder mit einem feuchten Läppchen

Die Augen sollten leuchtend, klar und frei von Rötungen, und die Augenlider straff sein. Wenn Ihr Dackel im Dickicht umherstreift, kann er sich Augenentzündungen zuziehen. Untersuchen Sie die Augen täglich, und säubern Sie die Augenumgebung nötigenfalls mit einem feuchten Läppchen. Blutunterlaufene oder trübe Augen, geschwollene Lider oder ein gelbgrüner Ausfluß können auf eine Augeninfektion hindeuten, die einen Tierarztbesuch nötig macht.

Zahnsteinvorbeugung

Ohne wöchentliches Zähneputzen kann sich Zahnstein ablagern, der üblen Geruch, Wurzelinfektionen und Zahnfleischerkrankungen zur Folge haben kann. Meiden Sie »menschliche« Zahnpasta, deren Schaum gern verschluckt wird. Neben der fachmännischen Zahnsteinentfernung wirken auch Büffelhautknochen und Hundekuchen der Zahnsteinbildung entgegen. Die Zähne und das Zahnfleisch dieses Hundes müssen vom Tierarzt behandelt werden.

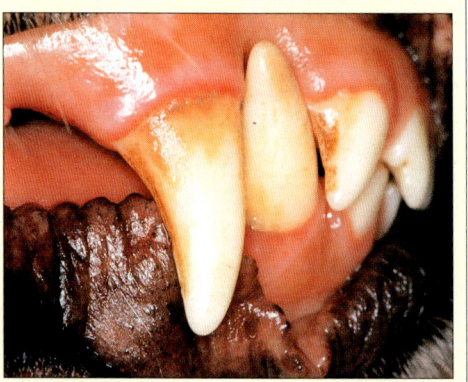

ZÄHNEPUTZEN

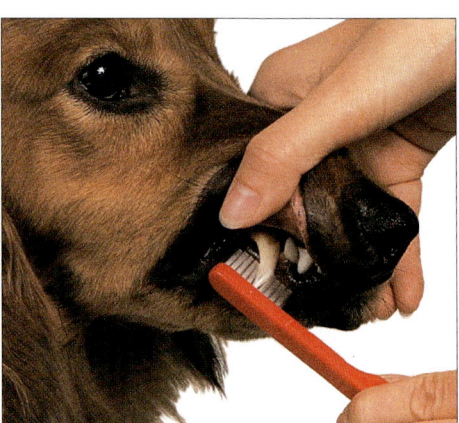

Sehen Sie täglich nach, ob sich Fremdkörper in der Schnauze oder im Gebiß festgesetzt haben. Putzen Sie von früh auf das Gebiß Ihres Hundes einmal wöchentlich mit Hundezahnpasta. Benutzen Sie eine weiche Bürste, die auf und ab geführt wird, um das Zahnfleisch zu massieren.

PFOTENWÄSCHE

Säubern Sie nach einem Ausgang bei Schmutzwetter die Pfoten Ihres Hundes in einer Schüssel mit kaltem oder lauwarmem Wasser. Benutzen Sie eine milde Seife, und spülen und trocknen Sie die Pfoten hinterher gründlich ab. Bei Langhaardackeln muß auch die Befederung an den Läufen und am Bauch auf die gleiche Weise gereinigt werden.

ANALHYGIENE

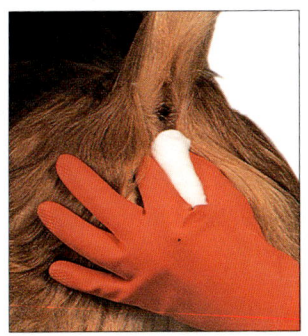

Übermäßiges Belecken der Aftergegend oder »Schlittenfahren« kann bedeuten, daß die duftproduzierenden Analbeutel verstopft sind und Unbehagen auslösen. Ziehen Sie Gummihandschuhe an, und drücken Sie die Beutel aus, indem Sie von beiden Seiten festen Druck ausüben.

OHRENUNTERSUCHUNG

Achten Sie regelmäßig auf Ohrenschmalz, das sich in den Hängeohren Ihres Dackels ansammeln kann. Entfernen Sie es mit einem Läppchen, das nicht zu tief eindringen darf. Achten Sie auch auf Entzündungen, üblen Geruch und Fremdkörper wie etwas Grassamen, desgleichen auf Futterreste an den Ohrenspitzen.

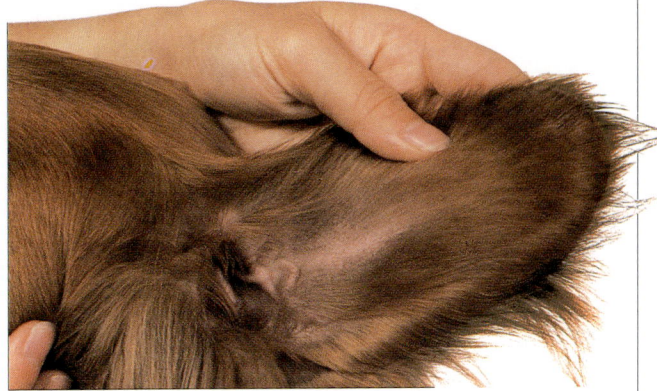

KRALLENSCHNEIDEN

Kein Hund läßt sich gern die Krallen schneiden. Normale Dackel brauchen hier nicht viel Pflege, doch Zwergdackeln müssen die Krallen häufiger gekürzt werden. Lassen Sie den Hund sich hinsetzen, und verwenden Sie eine spezielle Krallenzange, um die Spitzen abzuschneiden. Schneiden Sie nicht ins »Leben«, das bei dunklen Krallen nicht zu erkennen ist.

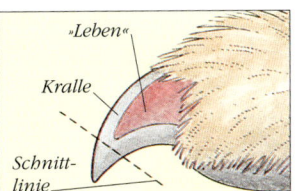

»Leben«

Kralle

Schnittlinie

Der richtige Schnitt

Das rosige Innere der Kralle, das sogenannte »Leben«, ist von Blutgefäßen und Nerven durchzogen. Schneiden Sie stets vor dem »Leben« ein. Wenn Sie sich nicht trauen, fragen Sie den Tierarzt.

Fellpflege

Wieviel Zeit Sie für die Fellpflege Ihres Dackels aufwenden müssen, hängt von seiner Haarart ab. Kurzhaarige Tiere sind von allen Hunderassen am einfachsten zu pflegen, während Rauhhaardackel hin und wieder von überschüssigen Haaren befreit werden müssen. Langhaarige Hunde benötigen einen mäßigen Pflegeaufwand.

ROUTINEMÄSSIGE FELLPFLEGE BEIM DACKEL

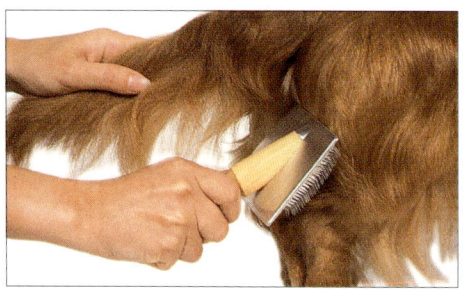

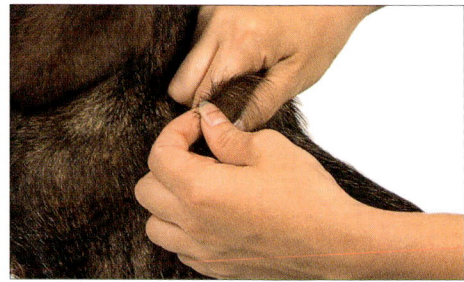

Pflege des Langhaarfells

Bearbeiten Sie Ihren Langhaardackel täglich mit einer hartborstigen Bürste oder einer Zupfbürste und einem fein gezahnten Kamm, um Verfilzungen zu entwirren und die Haut zu massieren. Reiben Sie das Fell hinterher mit einem Leder oder einer Gumminoppenbürste ab, um lockere Schuppen zu entfernen und Glanz zu erzeugen.

Behandlung des Rauhhaarfells

Rauhhaardackel haben eine feine Unterwolle unter dem längeren, derberen Deckhaar. Wenn die Deckhaare dicker werden und der Fellwechsel bevorsteht, sollten Sie sie mit Daumen und Zeigefinger behutsam an der Wurzel ausrupfen. Lassen Sie sich gegebenenfalls von einem Fachmann zeigen, wie es gemacht wird.

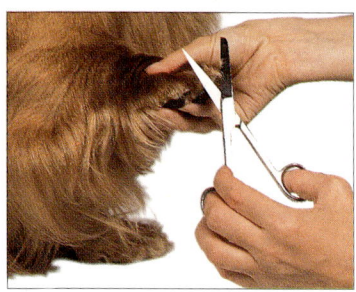

Abreiben des Kurzhaarfells

Das schimmernde Fell des Kurzhaardackels ist sehr pflegeleicht. Reiben Sie es nur einmal in der Woche mit einem sauberen Leder oder einer Gumminoppenbürste ab. Untersuchen Sie gleichzeitig die Haut auf Parasiten wie Flöhe oder Zecken.

Trimmen der Zehenbehaarung

Das Haar zwischen den Zehen des Langhaardackels kann sich verfilzen. Schneiden Sie die Haarknäuel mit einer stumpfendigen Schere vorsichtig weg. Dadurch wird verhindert, daß sich Fremdkörper wie etwa Grassamen in den Pfoten festsetzen und Schmerzen verursachen.

Halten Sie die Pfote hoch, um an die Befederung heranzukommen

Fellpflege als Ritual

Die Fellpflege ist ein wichtiges Mittel zur Aufrechterhaltung Ihrer Autorität. Die meisten Hunde genießen sie zwar, aber manche dominanten Tiere sträuben sich gegen diese Prozedur. Um solche Schwierigkeiten zu vermeiden, sollten Sie mit der Fellpflege schon gleich nach der Anschaffung beginnen. Der Hund soll sehr bald lernen, Ihre Pflegemaßnahmen als Zeichen Ihrer natürlichen Dominanz zu akzeptieren. Einem widerborstigen Hund befehlen Sie, sich hinzulegen und einen Lauf anzuheben – eine Position, die Hunde als Unterwerfungsgebärde einnehmen.

Kämmen der Läufe

Die Befederung an den Läufen langhaariger Hunde verfilzt leicht und sollte deshalb täglich gekämmt werden. Inspizieren Sie nach jedem Auslauf das Fell Ihres Dackels, vor allem wenn er sich in dichtem Unterholz herumgetrieben hat. Kürzen Sie die Befederung regelmäßig in einer geraden Linie, damit sie sich leichter kämmen läßt.

DAS HUNDEBAD

1 Selbst Kurzhaardackel müssen hin und wieder gebadet werden, damit überschüssiges Fett, unangenehmer Geruch und hartnäckiger Schmutz verschwinden. Legen Sie eine rutschfeste Unterlage in die Wanne, und seifen Sie Ihren Hund mit einem milden Hunde- oder Babyshampoo gründlich ein. Baden Sie ihn nur bei warmem Wetter im Freien.

2 Spülen Sie das Fell mit lauwarmem Wasser sorgfältig aus. Reden Sie während des Badens mit fester, aber beruhigender Stimme mit Ihrem Hund. Zum Schluß wird er mit einem Handtuch behutsam trockengerieben, dann darf er sich schütteln.

3 Beim Langhaardackel muß das Wasser aus der Befederung ausgedrückt werden. Lang- und Rauhhaardackel kann man zusätzlich mit einem auf niedrige Stufe eingestellten Fön trocknen.

Gesundheitsfürsorge

Was seine Gesundheit angeht, ist Ihr Dackel auf Sie angewiesen.
Da er Ihnen nicht sagen kann, was ihm fehlt, müssen Sie beobachten,
wie er sich bewegt und verhält; jede Veränderung in seinen Aktivitäten
oder Gewohnheiten kann Anzeichen einer Erkrankung sein.
Lassen Sie jedes Jahr eine Routineuntersuchung durchführen, und
hören Sie auf den Rat des Tierarztes.

AKTIV UND MUNTER?

Achten Sie beim Spielverhalten Ihres Hundes auf plötzliche Wesensveränderungen

Dackel sind robuste und bellfreudige Hausgenossen, die sofort auf ungewohnte Objekte, Geräusche und Vorkommnisse reagieren. Veränderungen im normalen Verhalten Ihres Hundes fallen Ihnen auf, wenn Sie ständig seine Bewegungen, Aktivitäten und Stimmungen beobachten. Bei plötzlichen Abweichungen vom gewohnten Verhalten sollten Sie zum Tierarzt gehen. Denken Sie daran, daß Dackel keine Jammerlappen sind. Wenn sich Ihr Hund infolge einer Verletzung oder im Alter unwohl fühlt, wird er sich das kaum anmerken lassen, sondern einfach versuchen, durch verändertes Verhalten seine Schmerzen zu überspielen. Bedenken Sie, daß Krankheiten die Gewohnheiten Ihres Hundes beeinträchtigen, und daß selbst unscheinbare Veränderungen der Verhaltensmuster medizinisch bedeutsam sein können.

APPETIT UND FRESSGEWOHNHEITEN

Unter allen kleinen und mittelgroßen Rassen zählen die Dackel zu den gefräßigsten. Das im Welpenalter erworbene Freß- und Ausscheidungsverhalten wird gewöhnlich lebenslang beibehalten. Schon geringe Abweichungen von der Regel können ein Krankheitssymptom sein. Appetitmangel deutet meist auf eine Erkrankung und nicht auf Unzufriedenheit mit dem angebotenen Futter hin. Bittet der Hund um Futter, frißt aber nicht, so hat er wahrscheinlich Zahnschmerzen. Das gilt auch, wenn er unsauber frißt. Ein gesteigerter Appetit ohne Gewichtszunahme kann mit einer Hormonstörung zusammenhängen. Gesteigerter Durst ist stets ernstzunehmen und kann Anzeichen einer schweren Erkrankung sein.

Gesteigerter Appetit kann auf Insulinmangel oder zuviel Schilddrüsenhormon hindeuten

WIE MAN EINEN DACKEL RICHTIG HOCHHEBT

1 Während Sie beruhigend auf Ihren Dackel einreden, schieben Sie eine Hand unter seine Vorderläufe und Brust, und die andere umfaßt seine Hinterhand. So haben Sie den Hund sicher im Griff, und Sie können ihn hochheben, ohne daß er zappelt und sich windet.

2 Heben Sie den Hund hoch, indem Sie die Brust unterstützen und einen Finger zwischen die Vorderläufe legen. Halten Sie mit der anderen Hand sein Hinterteil fest. Mit dieser Methode verhindern Sie, daß er sich Ihrem Griff entwindet, und zugleich sind sein Rücken und Hals gut abgestützt.

Wegen seiner kurzen Läufe ist der Dackel anfällig für Rücken- und Halsbeschwerden

Beim Zwergdackel sind Rücken und Hals richtig abgestützt

VORSORGEUNTERSUCHUNGEN

Dackel sind genetisch für ein langes Leben prädestiniert, und wenn sie regelmäßig geimpft, von Parasiten befreit und tierärztlich untersucht werden, erreichen sie voraussichtlich ein hohes Alter. Ein Alter von fas 20 Jahren ist bei dieser Rasse nichts Ungewöhnliches. Viele Altersleiden, etwa Nieren- oder Leberkrankheiten, können schon früh anhand von Blutproben diagnostiziert werden. Lassen Sie jährlich eine Vorsorgeuntersuchung durch den Tierarzt durchführen.

Herz- und Lungentöne werden mit dem Stethoskop abgehört

FÜRSORGE FÜR DEN ÄLTEREN HUND

Die meisten Dackel bekommen es wegen ihrer Langlebigkeit mit Altersbeschwerden zu tun. Machen Sie sich darauf gefaßt, daß Ihr älterer Hund schwerhörig wird. Seine Augen trüben sich im Alter, und die Nahsicht verschlechtert sich. Die Bewegungen werden langsamer. Haben Sie Geduld mit seinem Verhalten, und gehen Sie behutsam mit ihm um. Geistige Stimulierung ist das beste Mittel gegen das Altern.

Besuche beim Tierarzt

Gewöhnen Sie schon den Welpen daran, auf einem Tisch zu stehen und sich untersuchen zu lassen. Gehen Sie mit Ihrem Dackel zum Tierarzt, bevor er eine Behandlung braucht, so daß er sich mit der Tierarztpraxis vertraut machen kann. Bitten Sie den Arzt, dem Hund einen Leckerbissen zu verabreichen, damit er gerne wiederkommt. Im übrigen sei darauf hingewiesen, daß Sie für Ihren Dackel auch eine Hundekrankenversicherung abschließen können, damit er bestens medizinisch betreut wird.

Verbreitete Krankheiten

Wie alle Hunderassen kann auch der Dackel, trotz seiner gesunden Anatomie, von Außen- und Innenschmarotzern, Hautentzündungen und Magen-Darm-Beschwerden befallen werden. Gute Hygiene und Ernährung verringern das Auftreten und die Schwere dieser und anderer häufiger Erkrankungen.

HAUTPARASITEN

Außenschmarotzer werden am häufigsten bei warmem Wetter zu einem Problem. Suchen Sie das Fell Ihres Hundes regelmäßig nach Flöhen oder Zecken ab, ebenso nach Anzeichen von Räude, die durch Milben verursacht wird.

Flohbefall
Flöhe sind bei weitem die häufigsten Hautparasiten des Hundes. Lassen Sie sich vom Tierarzt ein Mittel gegen Flöhe und Zecken empfehlen.

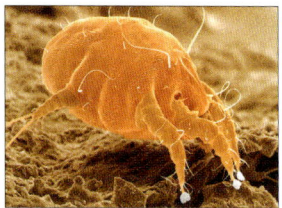

Ohrmilben
Sie nisten sich in den Ohren ein, und werden beim Kontakt mit anderen Hunden übertragen. Halten Sie das Hundelager sauber, und wenden Sie Ohrentropfen an.

SICHTBARE ZEICHEN DES UNWOHLSEINS

Ständiges Kratzen verweist nicht immer auf Flohbefall

Kratzen
Hunde kratzen sich, wenn sie an Parasiten, Allergien, Verletzungen oder inneren Krankheiten leiden. Kratzwunden sollten mit einem Desinfektionsmittel gereinigt und dem Tierarzt vorgeführt werden. Vergewissern Sie sich, warum sich der Hund so sehr für seine Haut interessiert, und lassen Sie sich wegen einer geeigneten Behandlung fachmännisch beraten.

Der Hund beleckt sich zwanghaft die Hinterpfote

Ständiges Belecken
Alle Hunde pflegen ihr Fell durch Belecken. Ein zwanghaftes Lecken kann jedoch Zeichen einer angstbezogenen Störung sein. Belecken der Aftergegend, gepaart mit einem glanzlosen Fell oder einem aufgetriebenen Bauch, könnte auf Eingeweidewürmer hindeuten. Wie beim Kratzen kann der Tierarzt auch hier die Ursache des ungewöhnlichen Verhaltens ermitteln.

TYPISCHE HUNDEKRANKHEITEN

Bei allen Rassen kann man vielen Erkrankungen vorbeugen. Untersuchen Sie routinemäßig die Haut, Ohren und Zähne Ihres Hundes, und halten Sie die Impfungen auf dem laufenden. Regelmäßige Wurmkuren schützen vor den gängigen Eingeweideschmarotzern, und Medikamente können Lungenschwäche und Herzwürmer verhindern. Auch eine in regelmäßigen Abständen durchgeführte Gewichtskontrolle ist wichtig und dient der Gesundheitsförderung.

Zahnschäden

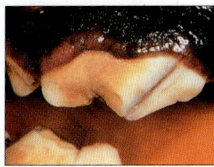

Dackel haben große Zähne und kräftige Kiefer, und sie kauen gern auf Stöcken, Knochen und sogar Steinen herum. Dadurch können Zähne splittern oder abbrechen, was oft eine schmerzhafte Wurzelentzündung nach sich zieht. Beim Beknabbern von rauhen Gegenständen können auch die Mundhöhle und das Zahnfleisch verletzt werden. Gewöhnen Sie Ihrem Dackel das Spielen mit untauglichen Dingen ab, indem Sie ihm geeignetes Spiel- und Knabberzeug geben.

Ohrenbeschwerden

Die Behänge des Dackels sind wegen der Feuchtigkeit, die sich in ihnen ansammelt, für Infektionen anfälliger als Stehohren. Achten Sie regelmäßig auf Ohrenschmalz, Geruch, Ausfluß oder Entzündungen.

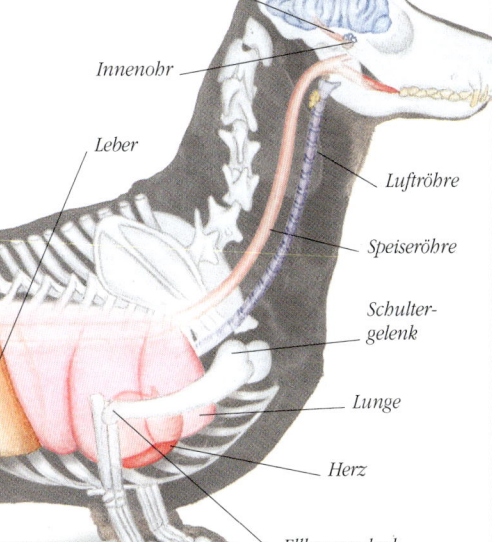

Gehirn

Gehörgang

Innenohr

Luftröhre

Speiseröhre

Schultergelenk

Lunge

Herz

Ellbogengelenk

Hüftgelenk

Niere

Blase

Milz

Leber

Kniegelenk

Darm

Magen

Magen-Darm- und Viruserkrankungen

Da ein Dackel einfach alles probieren muß, ist er anfällig für Magen-Darm-Beschwerden, die Erbrechen, Durchfall oder Verstopfung zur Folge haben. Beugen Sie Virusinfektionen wie Staupe oder Tollwut durch regelmäßige Impfungen vor, und lassen Sie sich vom Tierarzt ein wirksames Wurmmittel empfehlen. Halten Sie Ihren Hund draußen davon ab, Unrat zu fressen oder stark verschmutztes und möglicherweise verseuchtes Wasser zu trinken.

Überbelastung und Gelenkprobleme

Die Muskeln, Sehnen, Bänder und Gelenke des Dackels sind für einen aktiven Hund mit Idealgewicht ausgelegt. Übergewicht kann zu Verletzungen führen, ebenso körperliche Überanstrengung eines normalerweise ruhigen Hundes. Überbelastete Gelenke können auch arthritisch werden. Ein Bänderriß im Knie ist eine schwere Verletzung, die am ehesten bei älteren, übergewichtigen Tieren auftritt. In diesem Fall ist ein chirurgischer Eingriff notwendig.

Rassetypische Krankheiten

Bei der auf erwünschte Merkmale ausgerichteten Zucht kann es zu einer Kumulation von potentiell schädlichen Genen kommen, doch der Dackel leidet wegen seiner langen Geschichte und Typenvielfalt weniger an schweren Erbkrankheiten als der Durchschnitt. Durch die Selektionszucht sind jedoch in der letzten Zeit neue Probleme entstanden.

CUSHINGSCHE KRANKHEIT

Diese Krankheit entsteht, wenn die Adrenalindrüse zuviel Kortison ausschüttet, was eine Hormonstörung zur Folge hat. Die Symptome sind gesteigerter Durst, Haarausfall und Hängebauch. Die Krankheit kann mit Tabletten oder durch Entfernen der überaktiven Drüse behandelt werden.

Das Fell wird dünn und verliert seinen Glanz

BANDSCHEIBENVORFALL

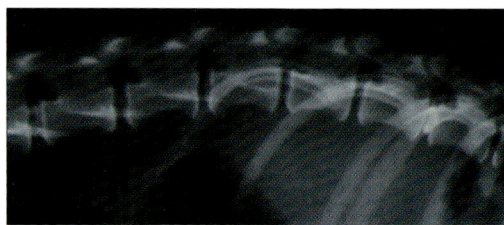

Der Dackel ist wegen seiner kurzen Läufe und seines langen Rückens anfällig für Bandscheibenvorfall. Wie die Röntgenaufnahme zeigt, hat sich die Bandscheibe in den Wirbelkanal vorgeschoben, weil die Haut, die sie vom Kanal trennt, gerissen ist. In milder Form ist das schmerzhaft, doch ein schwerer Schaden kann die sog. Dackellähme zur Folge haben. Eingeweide und Blase können betroffen sein, weil sie ihre Nervenzufuhr einbüßen und nicht mehr richtig arbeiten.

AUGENKRANKHEITEN

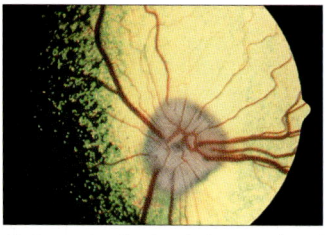
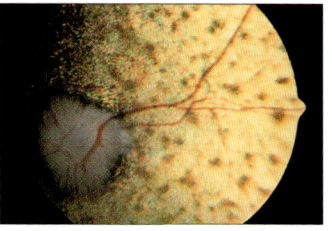

Als Rasse ist der Dackel weitgehend frei von genetisch bedingten Augenkrankheiten, doch rauhhaarige Zwergdackel können unter hartnäckigen Pupillarmembranen leiden. Langhaarige Zwergdackel sind anfällig für eine früh einsetzende progressive Netzhautatrophie, bei der die Zellen der Netzhaut degenerieren, was schließlich zum Verlust des Augenlichts führt. Eine gesunde Netzhaut (oben links) ist mit Blutgefäßen gut versorgt, während eine atrophierte Netzhaut (oben rechts) viel weniger und dünnere Äderchen aufweist. Dieses Erbleiden kann beim Dackel schon im Alter von 5 Monaten festgestellt werden.

ANDERE ERBKRANKHEITEN DES DACKELS

Alle Rassen können aufgrund ihrer Anatomie oder ihrer genetischen Ausstattung mit Erbkrankheiten behaftet sein. Keine dieser Krankheiten kommt häufig vor, und meist sind sie auf bestimmte Zuchtlinien beschränkt. Da die Erforschung der Hundekrankheiten heutzutage rasche Fortschritte macht, werden immer mehr Erbleiden entdeckt.

Taubheit und Epilepsie
Taubheit ist nicht selten bei älteren Dackeln und wird gewöhnlich durch eine Beeinträchtigung der Nervenübertragung zum Gehirn ausgelöst. Eine weitere vom Gehirn ausgehende Krankheit ist die Epilepsie, die zwar selten vorkommt, aber für den Hund und seinen Besitzer zur Qual werden kann. Sie spricht auf krampflösende Medikamente gut an.

Ellbogenschwäche
Im Welpenalter entwickeln sich die Knochen an beiden Enden. Das Wachstum ist mit 6–8 Monaten abgeschlossen, wenn sich die Knochen verhärten. Bei manchen Dackeln bleibt diese Härtung aus, was eine Schwächung des Ellbogengelenks und Schmerzen nach sich zieht.

Spondylitis deformans
Wegen seines langen Rückens und der kurzen Läufe ist der Dackel anfällig für dramatische Veränderungen der Rückenknochen. Dies kann bei Hunden über 12 Jahren zu einer starken Mißbildung führen.

Prognathie
Das so bezeichnete Vorstehen des Oberkiefers (Hinterbiß) ist bei manchen Dackeln erblich. Eine Folge kann sein, daß die unteren Eckzähne in den harten Gaumen hinter den oberen Eckzähnen beißen und dadurch Schmerzen verursachen.

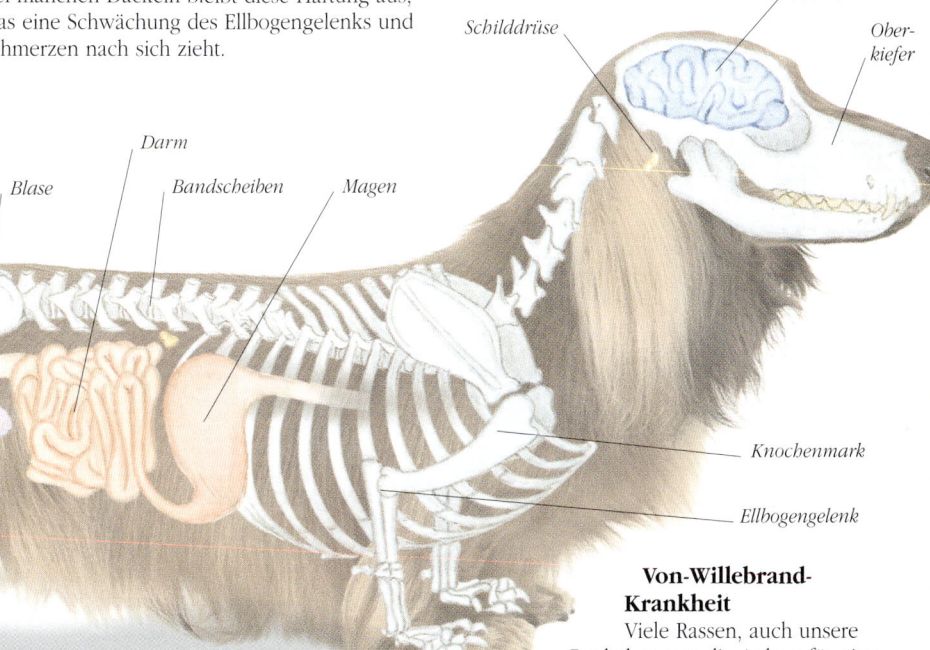

Gehirn

Schilddrüse

Oberkiefer

Darm

Blase *Bandscheiben* *Magen*

Knochenmark

Ellbogengelenk

Von-Willebrand-Krankheit
Viele Rassen, auch unsere Dackel, tragen die Anlage für eine erbliche Störung der Blutgerinnung, die sog. Von-Willebrand-Krankheit. Durch einen Bluttest läßt sich bei Zuchttieren feststellen, ob sie davon betroffen sind. Glücklicherweise gehen die Krankheitserscheinungen mit zunehmenden Alter zurück.

Abartige Gelüste
Dackel können abartige Freßgelüste entwickeln, deren Kennzeichen das Kotfressen ist. Ursache kann ein Enzymmangel sein; in diesem Fall sollten Sie das Futter durch Papayas, Kürbis oder Ananas ergänzen.

Gefahren vorbeugen

Die Dackel sind von Natur aus Erdhunde. Im Gelände jagen und graben sie; sie verschwinden in unterirdischen Bauen und legen sich sogar mit kleinen Säugetieren an. Behalten Sie Ihren Hund draußen im Auge, und sorgen Sie für seine Sicherheit im Haus. Denken Sie auch daran, daß die häufigste Todesursache bei Hunden der Autoverkehr ist.

SORGEN SIE FÜR DIE SICHERHEIT IHRES DACKELS

Leinen Sie den Dackel an, um Konflikte mit größeren Hunden zu vermeiden

Verkehrserziehung

Leinen Sie Ihren Hund in verkehrsreichen Gegenden stets an, denn selbst ein wohlerzogener Dackel kann auf die Straße rennen, wenn ihn etwas reizt. Muß ein Autofahrer ausweichen, um Ihren Hund nicht zu überfahren, können Sie für alle Schäden haftbar gemacht werden. Sichern Sie sich möglichst durch eine Hundehaftpflichtversicherung ab.

Unterbinden Sie Aggressionen

Erziehen Sie Ihren Hund zum Gehorsam, und meiden Sie tunlichst Situationen, in denen es zu Streitereien kommen könnte. Kurzhaarige Dackel machen im allgemeinen mehr Ärger als lang- und rauhhaarige. Beißt Ihr Hund einen anderen Hund oder einen Menschen, kann das juristische Folgen haben. Auch für Sachschäden können Sie belangt werden.

Steile Treppen können den langen Rücken eines Dackels überanstrengen

Beugen Sie Rückenbeschwerden vor

Dackel können zwar Treppen steigen, aber sehr steile Stufen sollten Sie meiden, um Rückenverletzungen zu verhindern. Je kürzer die Beine und je länger der Rücken eines Hundes ist, desto stärker werden die Bandscheiben belastet. Eine Überanstrengung des Rückens kann zu einem schmerzhaften Bandscheibenvorfall und sogar zu einer Lähmung führen, der zu Recht gefürchteten Dackellähme. Der Welpenrücken ist besonders anfällig, und deshalb sollten junge Hunde von Treppen aller Art ferngehalten werden.

Häufig vorkommende Gifte und Schadstoffe	
Wenn verschluckt	**Gegenmaßnahmen**
Schneckenköder Blei (Batterien usw.) Rattengift Frostschutzmittel Illegale Drogen Aspirin u.a. Schmerzmittel Sedativa und Antidepressiva	Untersuchen Sie die Verpackung, und ermitteln Sie den Inhalt. Wurde das Gift in den letzten 2 Stunden verschluckt, bringen Sie den Hund zum Erbrechen, indem Sie ihm große Kristalle Bleichsoda, einen Klumpen feuchtes Salz oder 3%iges Wasserstoffsuperoxyd eingeben. Suchen Sie sofort den Tierarzt auf!
Ätznatron Backofenreiniger Geschirrspülmittel Chlorbleichmittel Lackentferner oder -ver- Waschmittel dünner Holzkonservierungsstoffe Kerosin oder Benzin Politur Abfluß-, Toiletten- oder	Führen Sie kein Erbrechen herbei. Verabreichen Sie rohes Eiweiß, Natriumkarbonat, Kohlenpulver oder Olivenöl. Verwenden Sie bei Verbrennungen im Mundraum eine Natriumbikarbonatpaste. Suchen Sie sofort einen Tierarzt auf!
Kontakt mit dem Fell	**Gegenmaßnahmen**
Farbe Teer Petroleumprodukte Motoröl	Benutzen Sie keinen Lackentferner und keine konzentrierten biologischen Waschmittel. Reiben Sie mit Schutzhandschuhen viel flüssiges Paraffin oder Pflanzenöl in das Fell ein. Waschen Sie den Hund mit warmem Seifenwasser oder Babyshampoo. Reiben Sie Mehl ein, um Giftstoffe zu binden.
Alles außer Farbe, Teer, Petroleumprodukten und Motoröl	Mit Schutzhandschuhen begießen Sie die betroffene Fellpartie wenigstens 5 Minuten lang mit viel sauberem, lauwarmem Wasser. Dann waschen Sie das beschmutzte Fell gründlich mit warmem Seifenwasser oder mildem Babyshampoo aus.

Sofortmaßnahmen

Achten Sie bei jeder Vergiftung auf Anzeichen eines Schocks, und leisten Sie die erforderliche Erste Hilfe. Setzen Sie sich sofort mit Ihrem Tierarzt in Verbindung, und leiten Sie, möglichst mit gleichzeitiger telefonischer Beratung, daheim umgehend die Gegenmaßnahmen ein.

SCHÜTZEN SIE IHREN HUND

Leere Behälter sind als Spielzeug völlig ungeeignet

Dackel sind von Haus aus neugierig und kauen gern auf fast allem herum. Halten Sie alle Haushalts- und Gartenchemikalien unter Verschluß, und geben Sie Ihrem Hund niemals eine leere Plastikflasche zum Spielen. Ziehen Sie alle Stecker heraus, die nicht gebraucht werden, und besprühen Sie freiliegende Leitungen mit einem bitteren Spray.

Verhindern Sie Unratfressen

Unratfressen gehört zum natürlichen Hundeverhalten, kann aber schlimme Folgen haben. Bringen Sie Ihrem Hund bei, verbotene Gegenstände auszulassen, und verhindern Sie, daß er Tierexkremente frißt. Entwurmen Sie ihn regelmäßig nach Anweisung des Tierarztes. Geben Sie Ihrem Dackel keine Knochen – vor allem weiche Knochen können den Hundedarm verstopfen.

Erste Hilfe im Notfall

Ein Erste-Hilfe-Kasten sollte für die Versorgung kleinerer Verletzungen vorhanden sein. Schwere Notfälle kommen sehr viel seltener vor, doch wenn Sie die Grundprinzipien und Techniken etwa der künstlichen Beatmung oder der Herzmassage beherrschen, können Sie Ihrem Hund das Leben retten.

ERSTE-HILFE-AUSRÜSTUNG

Die Grundsätze der menschlichen Ersten Hilfe gelten auch für Hunde. Das Ziel ist es, Leben zu erhalten, weitere Verletzungen zu verhindern, den Schaden unter Kontrolle zu halten, Schmerzen und Streß zu verringern und den Hund sicher in die Tierarztpraxis zu bringen. Halten Sie einen gut ausgestatteten Erste-Hilfe-Kasten bereit, und benutzen Sie ihn für die Versorgung kleinerer Wunden, wenn Sie sicher sind, daß Sie es nicht mit einer ernsten oder gar lebensbedrohenden Krankheit zu tun haben.

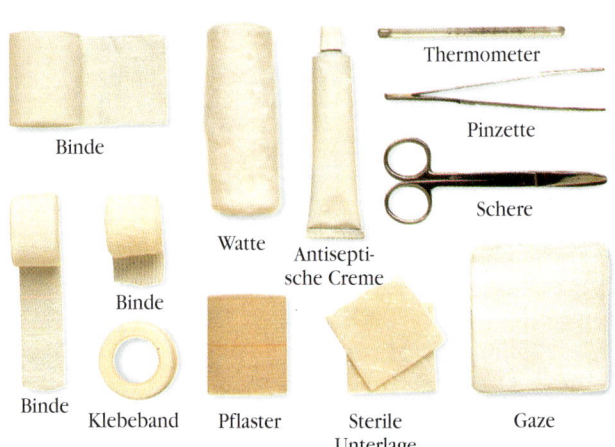

Binde

Thermometer

Pinzette

Schere

Watte

Antisepti-
sche Creme

Binde

Binde   Klebeband   Pflaster   Sterile
Unterlage   Gaze

UMGANG MIT EINEM BEWUSSTLOSEN HUND

Ursachen einer Bewußtlosigkeit sind Ersticken, Stromschlag, Fast-Ertrinken, Vergiftung, Blutverlust, Gehirnerschütterung, Schock, Ohnmacht, Rauchinhalation, Diabetes und Herzversagen. Ist Ihr Hund augenscheinlich bewußtlos, dann rufen Sie seinen Namen, um zu prüfen, ob er reagiert. Zwicken Sie ihn fest zwischen den Zehen, und achten Sie gleichzeitig darauf, ob er dabei blinzelt. Ziehen Sie an einem Bein – zieht er das Bein wieder an? Legen Sie eine Hand fest auf seine Brust, um den Herzschlag zu ertasten. Heben Sie die Lefze an, und schauen Sie sich die Farbe des Zahnfleisches an. Ist es rosig, und kehrt die rosige Farbe sofort zurück, wenn Sie hineingekniffen haben, dann schlägt das Hundeherz noch. Ist das Zahnfleisch blaß oder blau, kann eine Herzmassage notwendig werden.

Blasses oder blaues Zahnfleisch kann auf einen Schock hindeuten

Der Schock kann den Herzschlag entweder abschwächen oder verstärken

KÜNSTLICHE BEATMUNG UND HERZMASSAGE

Versuchen Sie eine künstliche Beatmung oder eine Herzmassage nur dann, wenn Ihr Hund bewußtlos ist und ohne Ihre Hilfe sterben wird. Wenn Sie ihn aus dem Wasser gezogen haben, heben Sie ihn mindestens 30 Sekunden lang an den Hinterläufen hoch, um die Luftwege zu entleeren. Hat er einen Stromschlag erlitten, fassen Sie ihn erst an, nach-

dem Sie den Strom abgeschaltet haben. Droht er zu ersticken, dann pressen Sie kräftig die Rippen, um den Fremdkörper zu lösen. Sie sollten sich selbst nie in Gefahr bringen; lassen Sie sich bei den Erste-Hilfe-Maßnahmen helfen und den Helfer die nächste Tierarztpraxis anrufen, um den Transport zu arrangieren.

Die Zunge wird herausgezogen und Schmutz entfernt

Halten Sie den Fang geschlossen, und verschließen Sie die Nasenöffnungen des Hundes mit dem Mund

1 Legen Sie den Hund auf die Seite, wobei der Kopf etwas tiefer liegt als der Rumpf, damit mehr Blut ins Gehirn gelangt. Machen Sie die Luftwege frei, indem Sie den Hals strecken, die Zunge nach vorn ziehen und die Mundhöhle mit zwei Fingern von Speichel oder Fremdkörpern befreien. Sorgen Sie auch dafür, daß die Nase nicht durch Schleim oder Schmutz verstopft ist. Können Sie das Herz nicht hören, beginnen Sie unverzüglich mit der Hermassage.

2 Drücken Sie die Schnauze zusammen, halten Sie den Fang mit beiden Händen, und umschließen Sie die Nase mit dem Mund. Blasen Sie hinein, bis sich die Brust weitet, und lassen Sie dann die Lunge ausatmen. Wiederholen Sie dies 10–20mal in der Minute, und überprüfen Sie alle 10 Sekunden den Puls.

Achten Sie stets auf Schock

Der Schock ist ein potentiell lebensbedrohlicher Zustand, der eintritt, wenn der Kreislauf versagt. Ausgelöst wird er durch Erbrechen, Durchfall, Vergiftung, Tierbisse, Magendrehung, Blutungen und viele andere Erkrankungen oder Unfälle, und daß ein Schock vorliegt, kann einige Stunden lang unerkannt bleiben. Die Symptome sind blasses oder blaues Zahnfleisch, schnelle Atmung, ein schwacher oder beschleunigter Puls, kalte Extremitäten und allgemeine Schwäche. Die Schockbehandlung hat Vorrang vor anderen Verletzungen, auch Frakturen. Das wichtigste ist, daß Sie jeden Blutverlust stoppen, die Körperwärme aufrechterhalten und die lebenswichtigen Funktionen unterstützen. Wenn der Schock nicht die Folge eines Hitzschlages ist, wickeln Sie Ihren Hund locker in eine warme Decke ein; legen Sie sein Hinterteil höher, stabilisieren Sie notfalls die Atmung und den Herzschlag, und rufen Sie sofort den Tierarzt. Gerät der Hund in Panik, müssen Sie ihn daran hindern, sich selbst weiter zu verletzen; und hüten Sie sich davor, gebissen zu werden.

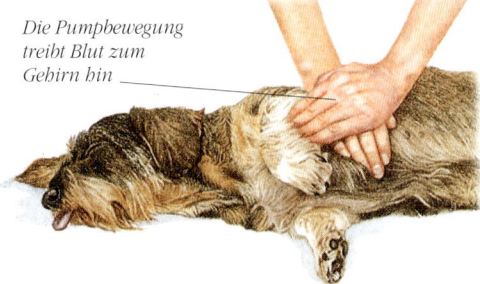

Die Pumpbewegung treibt Blut zum Gehirn hin

3 Wenn der Herzschlag aussetzt, beginnen Sie mit der Herzmassage. Legen Sie einen Handballen auf die linke Brustseite dicht hinter dem Ellbogen, dann die andere Hand darauf. Pressen Sie nach unten und vorne, und pumpen Sie 80–100mal in der Minute. Bei einem Zwergdackel kneifen Sie die Brust mit Daumen und Zeigefinger. Führen Sie jeweils nach 20 Massagen eine 10 Sekunden lange Beatmung durch, bis das Herz wieder schlägt, und setzen Sie dann die Wiederbelebung fort, bis die Atmung einsetzt.

Leichtere Verletzungen und Erkrankungen

Jeder Hundebesitzer sollte wissen, wie er seinem erkrankten oder verletzten Vierbeiner Medizin eingeben oder ihn vorsorglich behandeln muß. Die häufigsten
Verletzungen beim Dackel betreffen die Pfoten und Ohren. Da der Hund vor
Schmerzen oder Angst leicht zuschnappen kann, sollte man ihm
vorsichtshalber ein provisorisches Schnauzenband anlegen.

DAS ANLEGEN EINES OHRENNOTVERBANDES

*Der Helfer
übt Druck
auf die
Wunde aus*

2 Während der Helfer den
Mull auf das Ohr drückt,
streifen Sie die Strumpfhose
über den Kopf des Hundes.
Dieser Druckverband fixiert
das Ohr und fördert die Blutgerinnung. Achten Sie darauf,
daß die Luftröhre nicht
abgedrückt wird.

1 Während ein Helfer den Hund beruhigt, wird auf die Wunde
ein sauberes, möglichst nicht klebendes Stück Mull aufgelegt.
Schneiden Sie von einer Strumpfhose einen breiten Streifen ab,
und wickeln Sie ihn um Ihre Hand.

VERBINDEN EINER VERLETZTEN PFOTE

*Der Ver-
band darf
nicht zu
fest sein*

Mit Unterstützung eines Helfers
beruhigen Sie den Hund. Legen Sie
saugfähigen Mull auf die Wunde,
und fixieren Sie ihn mit Gaze.
Umwickeln Sie die Pfote mit einer
elastischen Binde, die mit Klebe-
pflaster befestigt wird.
Konsultieren Sie Ihren
Tierarzt, der vielleicht
Antibiotika oder einen
Eingriff für nötig hält.
Wechseln Sie den
Verband täglich, um
das Infektionsrisiko
zu verringern.

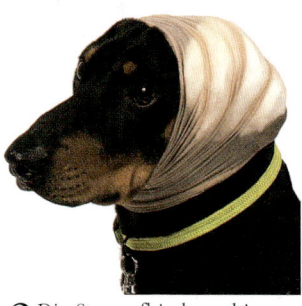

3 Die Strumpfbinde verhindert, daß der Hund mit dem
verletzten Ohr wedelt. Falls
nötig, fixieren Sie den Verband
an beiden Enden mit Klebe-
pflaster, damit der Patient ihn
nicht mit den Pfoten abreißen
kann. Gehen Sie zum Tierarzt,
er sollte die Wunde möglichst
bald untersuchen.

SCHNAUZENBAND

Das Band darf nicht in die Haut einschneiden

1 Legen Sie dem Hund, bevor Sie seine Verletzung inspizieren, ein Schnauzenband an, es sei denn, er hat Atembeschwerden. Während ein Helfer den Hund festhält, machen Sie aus weichem Stoff eine Schlinge, die Sie über den Fang streifen.

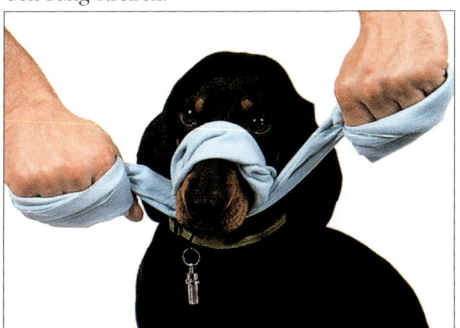

2 Ziehen Sie die Schlinge sanft zu. Führen Sie die beiden Enden nach unten, und kreuzen Sie sie unter dem Unterkiefer. Ist der Hund verwirrt oder aufgeregt, reden Sie ihm beruhigend zu.

3 Schlingen Sie das Band hinter den Ohren zusammen und verknoten Sie es fest. Ist die Schnauze so fixiert, können Sie sich gefahrlos der Verletzung an anderen Körperteilen zuwenden.

EINGEBEN VON MEDIKAMENTEN

Die Tablette kann man in einem Lieblingshäppchen verstecken

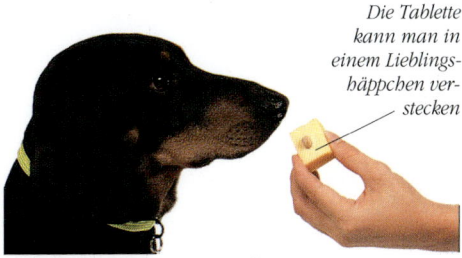

Verabreichung einer Pille

Öffnen Sie den Fang des sitzenden Hundes, und schieben Sie die Tablette möglichst tief hinein. Halten Sie dann die Schnauze zu, und heben Sie sie an. Streicheln Sie gleichzeitig den Hals, um das Tier zum Schlucken zu bewegen.

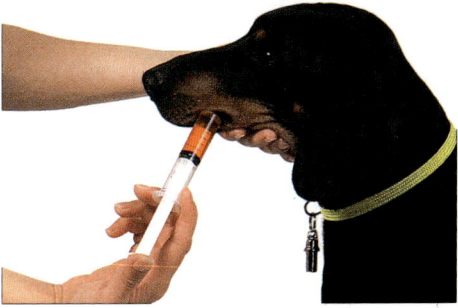

Flüssige Medizin

Mit einer Spritze, die Sie beim Tierarzt oder in der Apotheke bekommen, spritzen Sie die Flüssigkeit in die Schnauze, aber nicht in den Hals, wo sie in die Luftröhre gelangen könnte. Halten Sie den Fang zu, bis der Hund schluckt.

Entfernen von Fremdkörpern

Untersuchen Sie den Hund regelmäßig auf Fremdkörper wie Grassamen oder Dornen, vor allem zwischen den Zehen und an den Ohren, bei Hündinnen auch in der Vulvagegend. Entfernen Sie die Fremdkörper mit einer Pinzette oder den Fingern, bevor sie so tief in die Haut eindringen können, daß der Tierarzt eingreifen muß.

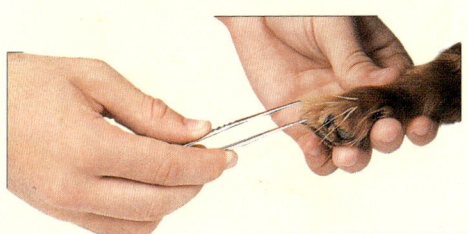

Der Ursprung der Rasse

Kurzläufige Hunde werden seit dem Mittelalter für die Jagd verwendet. Diese Vorläufer des modernen Dackels wurden dazu gezüchtet, kleines Wild in Gängen und Bauen zu verfolgen. Im 18. Jahrhundert erhielten solche Dachshunde durch Auswahlzucht aus verschiedenen Hundetypen bereits die meisten ihrer heutigen Merkmale.

GESCHICHTE DES DACKELS

HOLZSCHNITT AUS »LA VÉNERIE« VON DE FOUILLOUX

Die ersten Dachshunde

Im mittelalterlichen Deutschland erschwerten die dichten Wälder die Jagd zu Pferde. Jäger zu Fuß wurden begleitet von kurzläufigen Hunden, die das Wild bis in die Baue verfolgten. In dem 1560 erschienenen Buch »La Vénerie« (Die Jagd) von Jacques de Fouilloux sind solche dackelähnlichen Hunde abgebildet.

Die Entwicklung der Rasse

In seiner »Histoire naturelle« von 1740–88 beschreibt der französische Naturforscher Buffon einen kurzhaarigen schwarz-lohfarbenen Hund, der ähnliche Merkmale wie ein Dackel aufweist und »le basset à jambes droites« (geradbeiniger Basset) genannt wird. Er beschreibt auch Hunde mit rauhhaarigem Fell und einen weißen Schlag mit krummen Läufen – beide könnten Vorläufer des Dackels sein.

BUFFONS »BASSET À JAMBES DROITES«

DIE ENTSTEHUNG DES DACKELS

DACHSHUND IM FRÜHEN 19. JAHRHUNDERT

Nach 1800 sah der Dachshund schon der heutigen Rasse ähnlich, wie diese Illustration aus dem frühen 19. Jahrhundert bezeugt; die Läufe sind allerdings noch länger, als sie heute normalerweise sind. Um die Rasse zu verbessern und ihr das moderne Erscheinungsbild zu geben, hat man so unterschiedliche Rassen wie Deutscher Pinscher, Berner Niederlaufhund, Basset Hound und Dandie-Dinmont-Terrier eingekreuzt.

BASSET HOUND
Wie sein Verwandter, der Dackel, besitzt der Basset Hound einen verlängerten Rücken, eine robuste Vorderhand und sehr kurze Läufe. Als Gebrauchshund kann er vergleichbare Aufgaben erfüllen. Bassetblut hat auch zum hervorragenden Witterungsvermögen des Dackels beigetragen.

BERNER NIEDERLAUFHUND
Der Berner Niederlaufhund, eine Schweizer Rasse, die traditionell die Jäger zu Fuß begleitete, zeigt im Gesicht auffällige Ähnlichkeit mit dem Dackel. Kurzläufige Vertreter dieser Rasse haben einen Beitrag zur Dackelzucht geleistet.

DANDIE-DINMONT-TERRIER
Vor rund 100 Jahren haben deutsche Dackelzüchter diesen freundlichen Terrier aus Großbritannien eingeführt, um den Rauhhaardackel zu verbessern, vor allem um dessen Brust tiefer zum Boden abzusenken.

DEUTSCHER PINSCHER
Der schwarz-gelbe Pinscher steht augenscheinlich dem heutigen schwarz-gelben Kurzhaardackel nahe. Dieser aufgeweckte, vielseitige Hund hat auch zum anhänglichen Wesen und zu den Wachhundeigenschaften des Dackels beigetragen.

Neuere Rassengeschichte

Um die Mitte des 19. Jahrhunderts erlebte der Dackel in Deutschland eine große Blütezeit, und zugleich war er ein Lieblingshund der englischen Königin Victoria. Erst gegen Ende des Jahrhunderts gelangte die Rasse nach Amerika, und Dackelzuchtvereine entstanden in aller Welt. Noch heute sind die Rassestandards von Land zu Land verschieden.

BERÜHMTE BESITZER UND ZÜCHTER

Frühe Züchter

Königin Victoria und ihr aus Deutschland stammender Prinzgemahl Albert waren zwar die berühmtesten Dackelbesitzer des vorigen Jahrhunderts, aber als einflußreichste Züchter galt die deutsche Familie von Daake. Der erste Rassestandard wurde 1879 in Deutschland aufgestellt.

KÖNIGIN VICTORIA MIT EINEM IHRER DACKEL

Favorit der Königin

Während der gesamten Regierungszeit der Königin Victoria wurden Dackel in den Royal Kennels gezüchtet. Die Hunde nahmen an den königlichen Jagden in Windsor teil und wurden von Damen der Gesellschaft im Hyde Park spazierengeführt.

STATUE VON »BOY«, EINEM DACKEL DER KÖNIGIN

EIN WELTKLASSEHUND

Diese Aufnahme von »Bergmann«, einem braunen Kurzhaardackel, entstand 1879 auf der internationalen Hundeschau in Hannover. »Bergmann« machte in europäischen Ausstellungsringen einen hervorragenden Eindruck und wurde schließlich in die USA exportiert, wo er den nordamerikanischen Zuchtstamm mitbegründete. Er machte eine ungewöhnlich lange Karriere als Ausstellungshund und gewann auf der Hundeschau in Chicago 1891 den ersten Preis.

»BERGMANN«

FELLFARBENTRENDS

Der seltene weiße Dackel machte zu Beginn des
20. Jahrhunderts in Deutschland kurze Zeit Furore.
Die unten abgebildete Ansichtskarte, die von 1910
stammt, zeigt drei weiße Welpen aus demselben
Wurf. Die heutigen Standards lassen die weiße
Fellfarbe nicht mehr zu, außer in gefleckter Form,
bei der die Abzeichen gleichmäßig verteilt sein müssen.
Als das weiße Fell in Deutschland in Mode kam,
war auch die Zucht von gefleckten Dackeln sehr
populär. Einer wachsenden Beliebtheit erfreuten
sich silbergraue Schecken, die aus braunen
Tieren herausgezüchtet wurden.

Unterschiedliche Rassestandards

Die Kreuzung von Felltypen und Größenschlägen
hielt in vielen Ländern bis in die 1970er Jahre an,
als sie von zahlreichen Zuchtverbänden untersagt
wurde. Sie ist jedoch nach wie vor in den Ländern
erlaubt, die die Trennung von Zwergdackel- und
Normalschlägen nicht anerkennen. Auf dem
europäischen Kontinent wird der Dackel noch
immer gemäß den Standards des Jagdgebrauchs-
hundes gezüchtet, während er anderswo
schwerere Knochen, größere Pfoten
und einen massigeren Körper
haben darf.

AUSSTELLUNGSHUND
*Er hat kürzere Läufe und ist
schwerer als der Gebrauchshund*

GEBRAUCHSHUND
*Er ist schlanker, leichter und
hat eine höher vom Boden
abgehobene Brust*

WEISSE DACKELWELPEN

POPULÄRES IMAGE

Der Dackel zählt zu den Hunderassen, deren Abbilder in
der volkstümlichen Kunst am
häufigsten verwendet werden.
Diese französische Ansichtskarte, die um 1900 entstand,
war Teil einer Werbekampagne
für Schokolade und zeigt den
Kauf und Verkauf von Dackelwelpen. Dackelbilder sind nach
wie vor sehr populär, vor allem
in Kinderbüchern, Karikaturen
und Filmen.

DER DACKEL IM DIENST DER
SCHOKOLADENWERBUNG

Le marchand de chiens.

Dackelbilder

Nur wenige Rassen wurden und werden von Künstlern und Karikaturisten so häufig abgebildet wie der Dackel. Dackeldarstellungen finden sich allenthalben in Gemälden und Illustrationen des 19. und 20. Jahrhunderts, und Dackelfiguren sind heute bei Sammlern sehr begehrt.

DER DACKEL IN KUNST UND KUNSTGEWERBE

Ein Bild des Gehorsams

Dackelmotive sind bei Künstlern von jeher beliebt. Dieses 1912 entstandene Porträt einer Dame mit Dackel, geschaffen von der Malerin Gerda Wegener, stellt den Hund als einen treu ergebenen Gefährten dar. Zu der Illustration gehört ein Gedicht, in dem die natürliche Folgsamkeit und Anhänglichkeit des Dackels gepriesen wurden.

WEGENERS PORTRÄT EINES DACKELS UND SEINER BESITZERIN

DACKEL UND BULLDOGGE

Dackel und Bulldogge

Das Mißtrauen der Engländer gegenüber Deutschland am Vorabend des Ersten Weltkriegs drückt sich in dieser nationalistischen Karikatur aus. Der deutsche Dackel mit Gift und Pickelhaube wirkt allerdings weniger bedrohlich als die britische Bulldogge.

Bronzestatue

Dieser Bronzeguß des französischen Künstlers Emmanuel Frémiet stammt von 1848 und trägt den Titel »Dackelpaar: Ravageot und Ravegeole«. Dackelfiguren waren im 19. Jahrhundert ein populärer Wohnungsschmuck.

Futuristische Kunst

Dieses bekannte Bild des italienischen Malers Giacomo Balla entstand 1912 und heißt »Dynamik eines angeleinten Hundes«. Balla war einer der Künstler, die 1910 das Futuristische Manifest unterzeichneten. Die Futuristen versuchten, Bewegung und Dynamik künstlerisch darzustellen. Balla veranschaulicht solche dynamische Bewegungsabläufe durch die kurzen Dackelbeine.

GIACOMO BALLAS »DYNAMIK EINES ANGELEINTEN HUNDES«, 1912

GLASIERTE KERAMIK: DACKEL-TEEKANNE

Vom Kitsch zum Sammlerobjekt

Im 19. Jahrhundert waren Gebrauchsgegenstände wie diese Teekanne, die einen bettelnden Dackel darstellt, ungemein beliebt. Heute sind solche Objekte zu begehrten Antiquitäten geworden.

UMSCHLAG DES »NEW YORKER«, 1945

Eine fashionable Rasse

Der Dackel erschien 1945 auf der Titelseite der Zeitschrift »New Yorker« und wird als Motiv auch weiterhin von Grafikern und Künstlern gern verwendet – zuletzt von David Hockney in seinen Bildern von 1993/94.

Fortpflanzung

Dackelwürfe umfassen in der Regel 5–8 Welpen, es können aber auch bis zu 10 sein. Doch bevor Sie mit Ihrem Hund züchten, sollten Sie sich fachmännisch beraten lassen, damit Sie die richtige Entscheidung treffen können. Die trächtige Hündin muß, ihren veränderten Bedürfnissen entsprechend, besonders liebevoll betreut werden.

DER PAARUNGSTRIEB

Gesunde Rüden können schon mit 10 Monaten für die Zucht verwendet werden. Es ist am besten, wenn man die Hündin zum Rüden bringt, weil dann der Deckerfolg am ehesten gesichert ist. Eine Dackelhündin sollte erst mit etwa 2 Jahren gedeckt werden, wenn sie zum drittenmal läufig wird. Jüngere Hündinnen sind oft innerlich noch nicht reif genug, mit den Belastungen der Mutterschaft fertig zu werden. Der Brunftzyklus schwankt beim Dackel erheblich, aber der Eisprung erfolgt gewöhnlich 10–12 Tage nach den ersten Anzeichen des Blutabgangs und der Scheidenschwellung.

TRÄCHTIGKEITSDIAGNOSE

Die Ovulation, der beste Zeitpunkt für die Paarung, wird durch einen erhöhten Spiegel des Hormons Progesteron im Blut exakt angezeigt. Die Trächtigkeit kann dagegen nicht durch Blut- oder Urintests festgestellt werden. Ultraschalluntersuchungen nach etwa 3 Wochen oder eine etwas spätere körperliche Untersuchung sind die besten Diagnoseverfahren.

Das Ultraschallgerät zeigt mehrere Welpen im Mutterschoß

Unerwünschte Trächtigkeit

Eine unerwünschte Trächtigkeit kann man verhindern durch strenge Überwachung der läufigen Hündin, durch Tabletten oder Spritzen, die den Eisprung unterbinden, oder durch Kastration. Wird Ihre Hündin trotz aller Vorsichtsmaßnahmen trächtig, konsultieren Sie Ihren Tierarzt. Er kann die Trächtigkeit innerhalb von drei Tagen nach der Kopulation mit einer Hormoninjektion abbrechen. Die Folge ist jedoch eine erneute Läufigkeit, die 8–15 Tage nach dem ersten Scheidenausfluß erhöhte Wachsamkeit erfordert.

DIE BEDÜRFNISSE DER TRÄCHTIGEN HÜNDIN

Im ersten Monat der Trächtigkeit soll sich die Hündin weiterhin so frei bewegen wie bisher. Danach wird sie wegen des zunehmenden Gewichts der Leibesfrüchte langsamer und bedächtiger. Spazierengehen ist eine gute Übung, doch große Steigungen sollten vermieden werden. Nach der 6. Woche soll die Nahrungszufuhr allmählich gesteigert werden, so daß die Hündin zum vorausberechneten Wurftermin 30 Prozent mehr zu sich nimmt als normal. Verfüttern Sie eine ausgewogene kalzium- und phosphorhaltige Kost.

MÄNNLICHES UND WEIBLICHES FORTPFLANZUNGSSYSTEM

Eine Hündin wird zweimal im Jahr läufig; sie ist in jedem Zyklus an 3 Tagen fruchtbar und läßt die Begattung nur in dieser Zeit zu. Die Rüden paaren sich liebend gern das ganze Jahr über.

Bei der Hündin erfolgen die Ovulationen das ganze Leben lang; eine Menopause gibt es nicht. Allerdings ist die Zucht in späteren Jahren riskant. Die Tragdauer beträgt etwa 63 Tage.

Verantwortungsvolle Zucht

Wenn Sie mit Ihrem Dackel züchten wollen, sollten Sie sich mit Ihrem Tierarzt oder einem erfahrenen Züchter beraten. Vergewissern Sie sich, daß die Körper- und Wesenseigenschaften der zukünftigen Hundeeltern der Rasse förderlich sind. Beide Partner sollten auf bestimmte Erbkrankheiten hin untersucht werden, vor allem auf Hüftgelenksdysplasie, die sich durch eine Röntgenaufnahme feststellen läßt. Der Tierarzt wird vielleicht auch einen Test auf Bruzellose, eine Geschlechtskrankheit des Hundes, vorschlagen. Bedenken Sie, daß es unfair ist, einen Wurf Welpen zuzulassen, der unerwünscht oder krank ist. Sie sind verpflichtet, für jedes Hundekind ein gutes Plätzchen zu finden.

Verhinderung der Trächtigkeit

Die Kastration ist die wirksamste und sicherste Methode, einer Trächtigkeit vorzubeugen. Die Hündin, die die Jungen austrägt, ist gewöhnlich die erste Anwärterin. Bei ihr werden Eierstöcke und Gebärmutter entfernt, dann braucht sie eine Woche Ruhe. Der Eingriff beim Rüden ist unkomplizierter: Hier wird ein kleiner Schnitt in den Hodensack gemacht, und die Hoden werden entfernt.

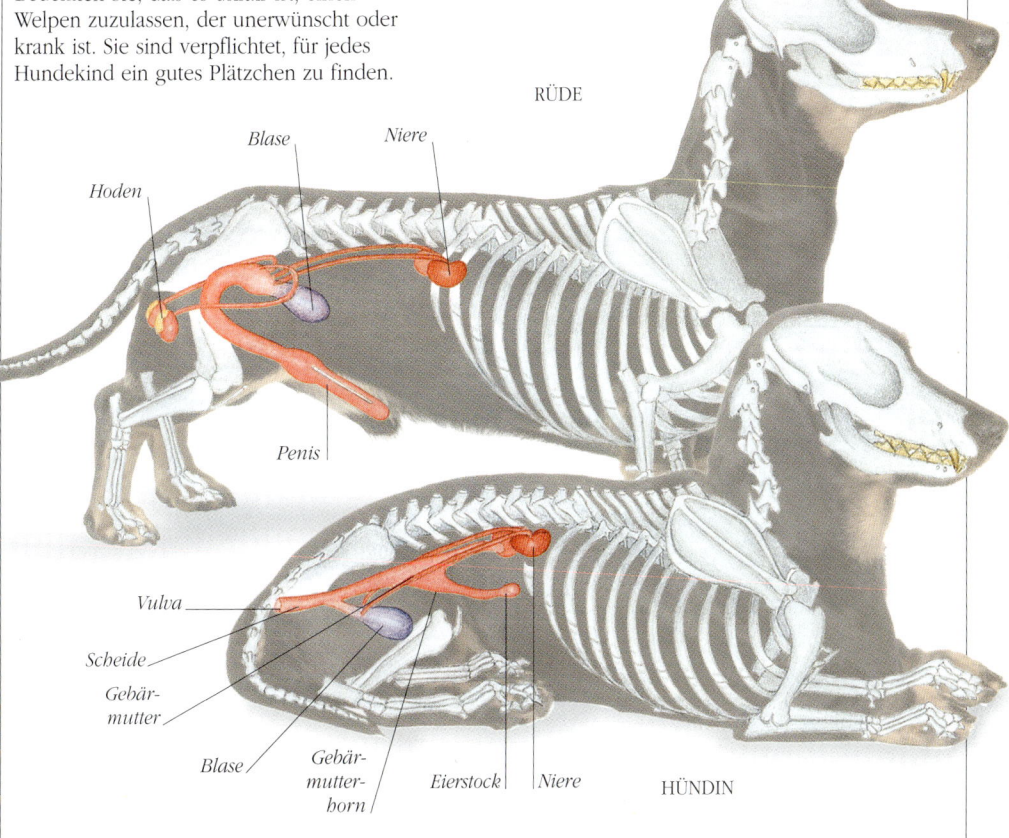

RÜDE

Blase

Niere

Hoden

Penis

Vulva

Scheide

Gebär-
mutter

Blase

Gebär-
mutter-
horn

Eierstock

Niere

HÜNDIN

Vor und nach der Geburt

Wenn der Tag der Geburt näher rückt, machen Sie die werdende Hundemutter mit ihrem Wurflager vertraut, und bitten Sie den Tierarzt, sich bereitzuhalten, falls Probleme auftauchen sollten. Bei Dackelhündinnen gibt es zwar selten Schwierigkeiten, aber es ist gut, wenn man sich bei der Geburt und hinterher bei der Versorgung schwacher Welpen auf professionelle Hilfe stützen kann.

DAS WURFLAGER

Einige Wochen vor dem Wurftermin sollten Sie die Hündin mit ihrem Wurflager vertraut machen. Ideal ist eine Wurfkiste aus wasserfest beschichtetem Sperrholz mit einer Länge und Breite von mindestens 80 cm. Drei Seitenwände sollten 25–30 cm hoch sein, damit die Welpen nicht ausreißen können, und in die vierte Wand wird eine verschließbare Klappe eingearbeitet, die der Mutter einen leichten Zugang ermöglicht. Beginnen Sie damit, Zeitungen zu sammeln; Sie werden in den nächsten beiden Monaten viel Papier für die Auskleidung der Kiste und als »Bettzeug« für die Welpen brauchen.

Geburtshilfe

Wenn Sie noch nie bei einer Hundegeburt dabei waren, sollten Sie einen erfahrenen Züchter um Beistand bitten und bei Beginn der Wehen Ihren Tierarzt informieren. Halten Sie die Raumtemperatur konstant auf etwa 25 °C. Wenn nach 2 Stunden noch kein Welpe geboren ist, fragen Sie den Tierarzt nochmals um Rat. Vielleicht muß zur Erleichterung des Geburtsvorgangs die Lage des Welpen verändert werden. In wenigen Fällen ist bei Dackelhündinnen auch ein Kaiserschnitt notwendig. Legen Sie eine mit einem Handtuch bedeckte Wärmeflasche in einen Karton, den Sie für die Aufnahme der Neugeborenen bereithalten. Der Karton kann auch für den Transport der Welpen verwendet werden, wenn die Mutter und der Wurf zum Tierarzt gebracht werden müssen.

ANZEICHEN DER BEVORSTEHENDEN GEBURT

Die Hündin wird wahrscheinlich kurz vor der Geburt die Nahrungsaufnahme verweigern. Sie wandert auf der Suche nach dem Wurflager unruhig umher und beginnt das »Bettzeug« zu zerfetzen, um ein Nest für ihre Welpen zu bereiten. Ihre Körpertemperatur fällt ab, und sie atmet heftig. Wenn das Fruchtwasser abgeht und die Wehen einsetzen, steht die Geburt unmittelbar bevor. Vermeiden Sie Störungen durch andere Tiere und fremde Personen.

Die werdende Mutter zerfetzt das »Bettzeug«, um das Nest für die Jungen zu bereiten

DIE NEUGEBORENEN

Reiben Sie jeden Welpen mit einem Handtuch sofort trocken, und säubern Sie seine Nase von Schleim; alle Neugeborenen sollten winseln und zappeln. Bieten Sie der Mutter während der Niederkunft warme Milch an. Gönnen Sie ihr Ruhe, nachdem die Nachwehen aufgehört haben und alle Nachgeburten ausgestoßen worden sind. Legen Sie jeden Welpen an eine Zitze an. Die Hündin braucht ebenfalls reichlich Nahrung, damit der Milchfluß gesichert ist.

Die kleinen Welpen saugen gierig

HILFE FÜR EINEN SCHWACHEN ODER VERSTOSSENEN WELPEN

Hilfe beim Saugen

Im Schnitt ist einer von 7 Welpen bei der Geburt ziemlich klein und schwach. Solche Kümmerlinge sind oft nicht so gesund wie der übrige Wurf, und wenn sie sich selbst überlassen bleiben, sterben sie meist nach wenigen Tagen. Als Überlebenshilfe legen Sie einen schwächlichen Welpen an die Zitzen an, die die beste Milch liefern.

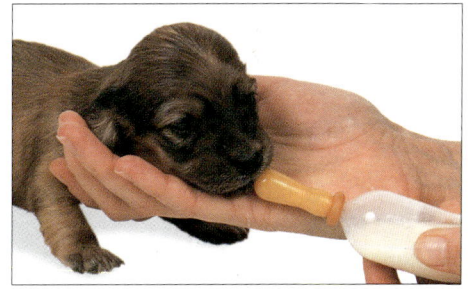

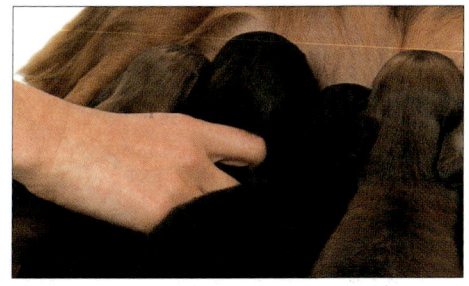

Flaschennahrung

Wenn bei einem gesunden, großen Wurf einfach nicht genug Milch für alle da ist, oder wenn die Mutter behindert ist oder ihren Nachwuchs im Stich läßt, verwenden Sie als Ersatz eine künstliche Hundemuttermilch. Die Flaschenmilch wird anfangs alle 2–3 Stunden gereicht: Der Tierarzt weiß die richtige Dosierung.

AUFZUCHT DES WURFS

Nach der 3. Woche beginnen die Welpen ihre Umgebung zu erkunden; mit 12 Wochen sind alle Sinne voll entwickelt. Streicheln und pflegen Sie alle Welpen regelmäßig, damit sie sich daran gewöhnen, von Menschen angefaßt zu werden, doch nehmen Sie Rücksicht auf den Beschützerinstinkt der Hundemutter. Werden die Kleinen schon früh allmählich mit neuen Anblicken und Geräuschen vertraut gemacht, wachsen sie eher zu umgänglichen, anpassungsfähigen Alttieren heran.

Die Welpen suchen noch immer Schutz bei der Mutter

Ausstellungen und Wettbewerbe

Die Teilnahme an Ausstellungen und Geländeübungen macht viel Spaß, doch Sie und Ihr Hund sollten sich gut darauf vorbereiten. Auf Hundeschauen, von kleinen lokalen Veranstaltungen bis zu nationalen Wettbewerben, wird Ihr Vierbeiner nach seinem Aussehen und Wesen beurteilt. Geländewettbewerbe setzen ein hohes Maß an Training und Gehorsam voraus.

AUSSTELLUNGSANFORDERUNGEN

Besuchen Sie Ausstellungen ohne Ihren Hund, um sich ein genaues Bild zu machen. Um Erfolg zu haben, muß Ihr Dackel dem offiziellen Rassestandard entsprechen. Er sollte sich auch bereitwillig von Fremden anfassen lassen und ein extrovertiertes und freundliches Wesen besitzen.

IM RING

Nachdem der Richter die körperliche Untersuchung beendet hat, wird das Gangwerk bewertet, während Sie Ihren Hund um den Ring führen. Ein zögerlicher Gang wird bestraft. Gibt sich der Hund aggressiv, wird er aus dem Ring gewiesen.

AUSSTELLUNGSVORBEREITUNGEN

Für den Ausstellungsbesuch benötigen Sie Halsband und Leine, ein Leder oder eine Bürste und einen Wassernapf. Achten Sie darauf, daß die Ohren des Dackels frei von Ohrenschmalz und seine Krallen geschnitten sind. Baden Sie Ihren Hund einige Tage vor der Schau, damit sich der Fellglanz durch natürliches Einfetten erneuern kann. Trimmen Sie beim Langhaar die Befederung, und zupfen Sie beim Rauhhaar alle überflüssigen Haare aus.

Der Richter begutachtet das Erscheinungsbild und Verhalten des Hundes

Die Sieger werden ausgezeichnet

DIE BESTEN IHRER RASSE

Wenn der Richter alle Hunde inspiziert hat, reduziert er die Kandidatenliste oft auf 6 oder 7 Tiere, die noch einmal begutachtet werden. Der Richter verleiht dann Preise für den ersten, zweiten und dritten Platz. In Deutschland reicht die Benotung von Vorzüglich über Sehr gut, Gut, Genügend bis Ungenügend.

PRÜFUNG DER GEBRAUCHSTÜCHTIGKEIT

In einigen Ländern werden Dackel noch immer für allerlei Verwendungszwecke eingesetzt, sie helfen etwa Bauern und Jägern beim Aufspüren und Apportieren von Wild. Gebrauchshundprüfungen dienen dazu, das Stöber- und Witterungsvermögen des Dackels zu testen.

Fährtensuche

Hunde besitzen ein hervorragendes Geruchsvermögen, und beim Dackel ist diese Fähigkeit besser entwickelt als bei den meisten anderen Rassen. Um sie zu prüfen, wird mit Blut oder Fleisch eine Duftspur gelegt, die der Hund bis zum Ende verfolgen muß, möglichst auf direktem Weg.

Erdarbeit

Der Dackel war ursprünglich dazu bestimmt, Wild aus unterirdischen Bauen zu treiben. Deshalb ist es kein Wunder, daß diese Hunde hellauf begeistert sind, wenn sie mit einem Tierbau konfrontiert werden. Bei Erdarbeitsprüfungen muß der Dackel in den Bau einfahren und sich durch die Gänge voranarbeiten. Die erfolgreichsten Hunde sind besonders aufgeweckt und schlank gebaut.

DER JAGDGEBRAUCHSHUND

Dackel waren ursprünglich Jagdhunde. Sie wurden dazu verwendet, Wild aufzuspüren und dem Jäger zu bringen und Tiere aus ihrem Bau zu treiben. Gebrauchshundprüfungen, bei denen Hunde in erster Linie als Jagdhunde und dann erst als Familienhunde angesehen werden, finden in vielen europäischen Ländern statt. Die Prüfungen umfassen die Fährtensuche und die Erdarbeit. Dackel sollten schon frühzeitig auf solche Aufgaben vorbereitet werden, denn sie benötigen dazu sehr viel Übung. Hundesportvereine bieten Beratung und das entsprechende Training an.

Die Kostenfrage

Die Vorführung Ihres Dackels kann preiswert oder ungewöhnlich kostspielig sein. Wenn Sie Ihren Hund selbst vorstellen, fallen nur die Kosten für die Zulassung, den Transport und die Unterbringung an. Bei Ausstellungen auf höherer Ebene werden oft professionelle Helfer eingesetzt. Das kann ins Geld gehen, und nur selten ist ein Hund so erfolgreich, daß die Ausgaben durch Deckgelder oder Welpenverkauf wieder hereinkommen. Wenn Sie nicht ernsthaft am Ausstellungsbetrieb interessiert sind, ist es vernünftiger, das Ganze als eine amüsante Abwechslung für Sie und Ihren Hund zu betrachten.

Rassestandard

Der Rassestandard, der in den einzelnen Ländern leicht voneinander abweichen kann, beschreibt den idealen Dackel. Ausstellungshunde werden bewertet anhand dieser offiziellen Zusammenstellung der Körper- und Wesensmerkmale, die ein »vollkommenes« Exemplar der Rasse charakterisieren.

Die Rassekennzeichen für Dachshunde (Teckel) des Deutschen Teckelklub e.V. 1888, Duisburg, Ausgabe 1997 (leicht gekürzt).

Allgemeines Erscheinungsbild

Niedrige, kurzläufige, langgestreckte, aber kompakte Gestalt, sehr muskulös, mit keck herausfordernder Haltung des Kopfes und aufmerksamem Gesichtsausdruck. Trotz der im Verhältnis zum langen Körper kurzen Gliedmaßen weder krüppelhaft, plump oder in der Bewegungsfähigkeit eingeschränkt, noch wieselartig schmächtig wirkend, mit geschlechtstypischer Gesamterscheinung.

Wichtige Maßverhältnisse (Proportionen)

Bei einem Bodenabstand von etwa einem Drittel der Widerristhöhe soll die Körperlänge in einem harmonischen Verhältnis zur Widerristhöhe stehen, etwa 1 zu 1,7 bis 1,8.

Verhalten und Charakter

Im Wesen freundlich, weder ängstlich noch aggressiv, mit ausgeglichenem Temperament. Passionierter, ausdauernder, feinnasiger und flinker Jagdhund.

Kopf

Langgestreckt, von oben und von der Seite gesehen, gleichmäßig bis zum Nasenschwamm schmaler werdend, jedoch nicht spitz.

Oberkopf

Eher flach und allmählich mit nur angedeutetem Stop in den leicht gewölbten Nasenrücken verlaufend.

Gesichtsschädel

Augenbrauenbögen deutlich ausgebildet. Nasenknorpel und Nasenkuppe lang und schmal. Nasenschwamm gut entwickelt. Der Fang weit zu öffnen, bis in Höhe der Augen gespalten, mit stark entwickeltem Ober- und Unterkiefer und vollzahnigem Gebiß (42 Zähne gemäß Zahnformel). Kräftige, genau ineinandergreifende Eckzähne. Das Scherengebiß ist dem Zangengebiß vorzuziehen. Die Lefzen liegen straff an, den Unterkiefer gut deckend.

Augen

Mittelgroß, oval, gut auseinanderliegend, mit klarem, energischem und doch freundlichem Ausdruck, nicht stechend. Farbe leuchtend dunkelrotbraun bis schwarzbraun bei allen Haarfarben der Hunde. Glas-, Fisch- oder Perlaugen bei gefleckten Hunden sind nicht erwünscht, jedoch zu tolerieren.

Behang

Hoch, nicht zu weit vorne angesetzt, ausreichend, aber nicht übertrieben lang, abgerundet, nicht schmal, spitz oder faltig. Beweglich, mit dem vorderen Saum dicht an der Wange anliegend.

Hals

Genügend lang, muskulös, straff anliegende Kehlhaut, mit leicht gewölbtem Nacken, frei und hochgetragen.

Körper

Obere Linie

Harmonisch vom Nacken bis zur leicht abfallenden Kruppe verlaufend.

Rücken

Nach dem hohen Widerrist im Verlauf der weiteren Brustwirbel gerade oder leicht nach hinten geneigt verlaufend.

Lende

Kräftig bemuskelt, genügend lang.

Kruppe

Leicht abfallend.

Rute

Nicht zu hoch angesetzt, in Verlängerung der Rückenlinie getragen. Im letzten Drittel der Rute ist eine geringfügige Krümmung zulässig.

Brust

Brustbein gut ausgeprägt und so stark vorspringend, daß sich an beiden Seiten leichte Gruben zeigen. Der Brustkorb ist, von vorn gesehen, oval, von oben und von der Seite gesehen, großräumig, Herz und Lunge volle Entwicklung gewährend.

Bauchlinie

Leicht aufgezogen.

Haut

Straff anliegend.

Vorderhand

Allgemeines

Kräftig bemuskelt, gut gewinkelt; von vorne gesehen trockene, gerade gestellte Vorderläufe von guter Knochenstärke mit gerade nach vorn gerichteten Pfoten.

Schultern

Plastisch bemuskelt. Langes, schräg liegendes Schulterblatt, eng am Brustkorb anliegend.

Oberarm: Von gleicher Länge wie das Schulterblatt, nahezu im rechten Winkel zu diesem stehend, starkknochig und gut bemuskelt, an den Rippen anliegend, aber frei beweglich.

Ellbogen: Weder ein- noch ausdrehend.

Unterarm: Kurz, jedoch so lang, daß der Bodenabstand des Hundes etwa ein Drittel seiner Widerristhöhe beträgt. Möglichst gerade.

Vorderfußwurzelgelenk: Die Vorderfußwurzelgelenke stehen einander etwas näher als die Schultergelenke.

Vordermittelfuß: Der Vordermittelfuß soll, von der Seite gesehen, weder steil stehen noch auffällig nach vorne gerichtet sein.

Vorderpfoten
Fünf eng aneinanderliegende Zehen, gut gewölbt, mit kräftigen Ballen und kurzen, starken Zehennägeln. Vier Zehen sind auffußend, die innere Zehe ist kürzer.

Hinterhand
Allgemeines
Kräftig bemuskelt, in guter Proportion zur Vorderhand. Knie- und Sprunggelenke stark gewinkelt, Hinterläufe parallel, weder eng noch weit auseinandergestellt.

Oberschenkel: Soll von guter Länge und kräftig bemuskelt sein.

Kniegelenk: Breit und kräftig, mit ausgeprägter Winkelung.

Unterschenkel: Nicht zu kurz, annähernd im rechten Winkel zum Oberschenkel stehend, gut bemuskelt.

Sprunggelenke: Kräftig und gut gewinkelt.

Hintermittelfuß: Relativ lang, gegen den Unterschenkel beweglich, leicht nach vorn gebogen.

Hinterpfoten
Vier eng aneinanderliegende Zehen, gut gewölbt. Voll auf den kräftigen Ballen fußend.

Gangwerk
Der Bewegungsablauf soll raumgreifend, fließend und schwungvoll sein, mit kräftigem Schub, leicht federnde Rückenübertragung, weiter, bodennaher Vortritt. Die Rute soll dabei in harmonischer Verlängerung der Rückenlinie, leicht abfallend, getragen werden. In der Aktion sind Vorderhand und Hinterhand parallel ausgreifend.

Haarkleid
Kurzhaar
Beschaffenheit
Kurz, dicht, glänzend, glatt anliegend, mit Unterwolle, nirgends unbehaarte Stellen zeigend.
Rute: Fein, voll, aber nicht zu reichlich behaart. Etwas längeres Grannenhaar an der Unterseite ist nicht fehlerhaft.

Farbe
a) Einfarbige: Rot, rotgelb, gelb, alles mit oder ohne schwarze Stichelung. Indes ist reine Farbe vorzuziehen und rot wertvoller als rotgelb und gelb zu betrachten. Auch stark schwarz gestichelte Hunde gehören hierher nicht, sondern unter die andersfarbigen. Weiß ist nicht erwünscht, aber in einzelnen kleinen Flecken nicht ausschließend. Nase und Nägel schwarz, rot ist auch zulässig, aber nicht erwünscht.

b) Zweifarbige: Tiefschwarz oder braun, je mit rostbraunen oder gelben Abzeichen (Brand) über den Augen, an den Seiten des Fanges und der Unterlippe, am inneren Behangrand, am Vorbrust, an den Innen- und Hinterseiten der Läufe, an den Pfoten, um den Anus und von dort bis etwa ein Drittel bis zur Hälfte der Unterseite der Rute. Nase und Nägel bei schwarzen Hunden schwarz, bei braunen Hunden braun.

c) Gefleckte (getigerte, getromte): Die Grundfarbe ist immer die dunkle Farbe (schwarz, rot oder grau). Erwünscht sind unregelmäßig helle Flecken (nicht sehr große Platten). Weder die dunkle noch die helle Farbe soll überwiegen. Die Farbe des gestromten Teckels ist rot oder gelb mit dunklerer Stromung.

d) Andersfarbige: Alle vorher nicht erwähnten Farben.

Fehler
Zu feines, dünnes Haar, haarlose Stellen an den Behängen (Lederohren), sonstige haarlose Stellen sowie allzu grobes und allzu reichliches Haar. Bürstenrute und teilweise oder in ganzer Länge fast unbehaarte Rute. Schwarze Farbe ohne Brand.

Rauhhaar
Beschaffenheit
Mit Ausnahme von Fang, Augenbrauen, und Behang am ganzen Körper mit Unterwolle durchsetztes, vollkommen gleichmäßig anliegendes, dichtes, drahtiges Deckhaar. Am Fang zeigt sich ein deutlich ausgeprägter Bart. Die Augenbrauen sind buschig. Am Behang ist die Behaarung kürzer als am Körper, fast glatt. Rute gut und gleichmäßig, eng anliegend behaart.

Farbe
Überwiegend saufarben; sonst gilt das gleiche wie beim Kurzhaar.

Fehler
Weiches Haar, ob kurz oder lang; langes, in allen Richtungen vom Körper abstehendes, gelocktes oder welliges Haar, vor allem weiches Kopfhaar, Fahnenrute, fehlender Bart, fehlende Unterwolle und Kurzhaarigkeit.

Langhaar
Beschaffenheit
Das mit Unterwolle versehene schlichte, glänzende Haar verlängert sich unter am Hals und an der Unterseite des Körpers, hängt am Behang über, und zeigt an der Hinterseite der Läufe eine deutliche längere Behaarung (Befederung), erreicht seine größte Länge an der Unterseite der Rute und bildet dort eine vollständige Fahne.

Farbe
Es gilt das gleiche wie beim Kurzhaarteckel.

Fehler
Fehlerhaft ist eine am ganzen Körper gleichmäßig lange Behaarung, gewelltes oder struppiges Haar, das Fehlen der Fahnenrute oder des überhängenden Haares am Behang, stark gescheiteltes Haar auf dem Rücken, zu lange Behaarung zwischen den Zehen.

Größe und Gewicht
Größe

Normalteckel:	Brustumfang über 35 cm.
Zwergteckel:	Brustumfang über 30 bis 35 cm, im Alter von mindestens 15 Monaten gemessen.
Kaninchenteckel:	Brustumfang bis zu 30 cm im Alter von mindestens 15 Monaten gemessen.

Gewicht
Normalteckel: Obergrenze etwa 9 kg.

Fehler
Jede Abweichung von den vorgenannten Punkten ist als Fehler anzusehen, dessen Bewertung im genauen Verhältnis zum Grad der Abweichung stehen sollte.

Schwere Fehler
Schwächliche, hochläufige oder am Boden schleppende Gestalt, in den Schultern hängender Körper, schwerfälliger, unbeholfener, watschelnder Gang, einwärts oder zu sehr nach auswärts gedrehte Pfoten, gespreizte Zehen, Senkrücken, Karpfenrücken, Überbautsein, d. h. wenn die Kruppe höher steht als der Widerrist, zu schwacher Brustkorb, schwache Lendengegend, windhundartig aufgezogene Flanke, schmale, muskelarme Hinterhand, schlecht gewinkelte Vorder- oder Hinterhand, Kuhhessigkeit, Faßbeinigkeit, Glasaugen bei anderen als gefleckten Hunden, schlechte Behaarung.

Ausschließende Fehler
Sehr ängstliches oder aggressives Wesen; Vorbiß. Rückbiß, Kreuzbiß, Fehlstellung der Unterkiefereckzähne, Knicken im Vorderfußwurzelgelenk, sehr lose Schultern, sämtliche Rutenfehler, abgesetzte Brust, angeborene Seh- oder Gehörschäden sowie epileptiforme Anfälle. Schwarze Farbe ohne Brand, weiße Farbe mit und ohne Brand.

Register

Übergewicht 55
Ungehorsam 21
Unratfressen 59

Verhaltenspro-
bleme 42, 43
Verhaltensprofil 16
Verletzungen 62
Verstopfung 55
Virusinfektionen
55
Von-Willebrand-
Krankheit 57
Vorsorgeunter-
suchung 53

Wachhund 9
Welpe 24, 26, 72,
73
Welpenschule 26
Wesen 20, 22
Wolf 6
Wurflager 72
Würmer 54

Zähneputzen 48
Zahnschäden 55
Zahnstein 44, 48
Zecken 54
Zerstörungslust 17
Zucht 70, 71
Zwergdackel 7, 8,
11, 13, 20

Begriffserläuterungen

Adult: Ausgewachsen,
geschlechtsreif.
Afterklaue oder -kralle:
Verkümmerte erste Zehe,
die dem Daumen ent-
spricht.
Befederung: Fransen aus
langen Haaren.
Fang: Schnauze, Vorder-
teil des Gesichtsschädels.
Gebäude: Körperbau.
Hinterhand: Die gesamte
Hintergliedmaße (Becken,
Keule und Hinterbein).
Kreuzung: Paarung von
zwei Tieren mit
unterschiedlichen
Erbanlagen.
Kruppe: Hinterteil des
Rumpfs zwischen
Kreuzbein und Schwanz-
wurzel.
Kuhhessigkeit: Fehler-
hafte Stellung der Hinter-
läufe, bei der die Knie-
gelenke wie bei der Kuh
nach außen gedreht sind.
Läufe: Beine, Glied-
maßen.
Lefzen: Lippen.
Platten: Größere Farb-
flecken im Fell.

Rute: Schwanz.
Schlag: Gruppe von Tie-
ren innerhalb einer Rasse
mit gemeinsamen Merk-
malen (Größe, Färbung,
Behaarung usw.).
Stop: Stirnabsatz, Ein-
buchtung zwischen
Nasenbein und Stirn.
Territorialverhalten:
Besetzung und Verteidi-
gung eines Eigenbezirks
(Territorium oder Revier).
Vor- oder Vorderhand:
Vordergliedmaße (Schul-
ter, Oberarm und Vorder-
bein).
Welpe: Junger Hund bis
zum Alter von etwa zwei
Monaten.
Widerrist: Der vorderste,
nach hinten abfallende
Teil des Rückens; die
Widerristhöhe ist die Ent-
fernung vom Boden bis
zum höchsten Punkt des
Widerrists.
Wurf: Gesamtzahl der
Welpen aus einer Geburt.

Bildnachweis

Danksagung

Dank des Autors

Mein Dank gilt Nic Kynaston, Stefan Morris, Karen O'Brien, Clare Driscoll und ihrer tüchtigen Herstellungsabteilung, sowie Patricia Holden White dafür, daß sie die verschiedenen Dackel dazu bewegen konnte, sich in Tracy Morgans Fotoatelier einwandfrei zu benehmen. Dank auch an Dr. Frances Barr und Dr. Sheila Crispin von der Universität Bristol für die Röntgenaufnahmen und Fotos der Dackelkrankheiten, an Peter Kertesz für die Gebißaufnahmen, an Tessa Kerry und Pat Hirst für ihre Beratung in Sachen Zucht und Ausstellungswesen und an Amanda Hawthorne und Dr. Ivan Berger vom Waltham Centre for Pet Nutrition für die detaillierten Angaben zum Energiebedarf des Dackels. Schließlich danke ich allen Mitgliedern des Dachshund Club, die den Fragebogen zum Dackelverhalten beantwortet haben.

Dank des Verlags

Der Verlag bedankt sich bei der Fotografin Tracy Morgan für ihren wertvollen Beitrag zu diesem Buch, ebenso bei ihren Assistentinnen Sally Bergh-Rose und Stella Smyth-Carpenter. Zu Dank verpflichtet ist er auch Patricia Holden White für ihre Beratung und die Mitarbeit bei den Fotoaufnahmen, desgleichen Jill Fornary, Cressida Joyce, Helen Thompson und Sarah Wilde. Ferner dankt er Pat Hirst vom Dachshund Club und Horst Klebenstein vom Deutschen Teckelklub für fachmännische Beratung. Schließlich dankt der Verlag den folgenden Personen, die ihre Hunde und/oder sich selbst für Aufnahmen zur Verfügung gestellt haben:

Wendy Bartlet; Anna Benjamin; Ben Brandstätter und »Helmut«; Stefanie Carpenter; Roberto Costa; Vera Curruthers und »Merlin«; Clare Driscoll; Jill Fornary; Diane Goslar, »Mocha« (Hyshope Elsa Cream Royale) und »Cammie« (Hyshope Kestral Brown Owl); Anne Hazelbury, »Candy« (Evadanne Candice Rose), »Mark« (Frankenwen Top Mark), »Millie« (Evadanne Charlotte Rose), »Reggie« (Evadanne Golden Kuri) und »Teasel« (Evadanne Amba Rose); Elizabeth Heesom und »Frikkie« (Landmark Dark Warrior); Mr. J. Hunt und Mrs. S. Hunt, »Desmond« (Champion & Irish Champion Connoisseur), »Calvin« (D'Arisca Little Trend at Carpacccio) und »Tatler« (Kireton Cassius at Carpaccio); Gladys Mead und »Teddy« (Champion Minimead Murphy's Gold), »Megan« (Minimead Mystic Meg), »Tommy« (Hobbithill Puffin at Minimead) und »Sheena« (Minimead Ma Griffe); Jahel Kahla; Nic Kynaston; Stefan Morris; Franklyn Morris; Hector Morris; Karen O'Brien; Geoff und Margaret Plaice und die Wunderbarnz-Rauhhaarwelpen; Mrs. M.J.Punter und Champion Welcumen Topspin; Sue Seath, »Bramble« (Wunderbarnz Magic Moment at Sunsong), »Corky« (Sunsong Favour Returned), »Dumpling« (Sunsong Serendipity), »Smartie« (Sunsong All In Favour) und »Truffle« (Champion Sunsong Witching Hour); Gina Riley; Stella Smyth-Carpenter; Pamela Sydney und »Jackie« (Yatesbury Jackanory); Zina Thorn-Andrews und ihre »Drakesleat«-Jagdgebrauchshunde; Sarah Wilde.

Die ganze Welt der Hunde

Bruce Fogle
Die BLV Enzyklopädie der Hunde
Die einzigartige, umfassende Dokumentation mit über 1500 Farbfotos: die gesamte Entwicklungsgeschichte des Hundes, detaillierte Beschreibungen von über 400 Rassen aus aller Welt mit Angaben zu Herkunft, Geschichte, Merkmalen und Temperament sowie eine Fülle von praktischen Ratschlägen.

BLV Verlagsgesellschaft mbH
Lothstraße 29 · 80797 München
Tel. 0 89/127 05-3 39 · Fax -3 54